Carnet de labo

Physique Chimie 2de

Collection **Hélium**

Sous la direction de

Karine MÉDINA-MORETTO
Lycée Václav Havel, Bègles (33)

et

David DAURIAC
Lycée Élie Faure, Lormont (33)

Camille DI MARTINO
Lycée Alfred Kastler, Talence (33)

Karine FOURTHON
Lycée français, Djibouti

Frédéric GENEST
Lycée Anatole de Monzie, Bazas (33)

Nicolas GIORDANO
Lycée français, Djibouti

L'équipe du Carnet de labo 2de remercie chaleureusement
Christophe DAUJEAN et Fabrice MASSA,
auteurs du Carnet de labo Physique Chimie cycle 4.

Hatier

Sommaire

Pour utiliser l'outil mathématique et numérique

Pour communiquer

Partie 3 Les incontournables de 2de

© HATIER, Paris, 2019 – ISBN : 978-2-401-05748-7

Partie 1

LES BASES

Quiz diagnostique
Les bases du Collège
hatier-clic.fr/pc205a

Flash cards

Flashcards
Versions imprimable et interactive
hatier-clic.fr/pc206a

LES BASES DU COLLÈGE

Matière

- Quelle est la différence entre un mélange homogène et un mélange hétérogène ?

→ Fiche 1

Matière

- Qu'est-ce qu'un ion ? un cation ? un anion ?

→ Fiche 4

Matière

- Quelle est l'expression de la masse volumique d'une espèce chimique ?

→ Fiche 2

Matière

- Qu'est-ce qu'une molécule ?
- Quelle est la composition de la molécule de glucose de formule $C_6H_{12}O_6$?

→ Fiche 5

Matière

- Quels sont les constituants d'un atome ?
- Comment se répartissent-ils et quelle est leur charge électrique ?

→ Fiche 3

Matière

- Quels sont les différents changements d'état ?

→ Fiche 6

Matière

- Quelle est la représentation symbolique du noyau d'un atome ?

→ Fiche 3

Matière

- Quelle est la différence entre transformation physique et transformation chimique ?
- Comment nomme-t-on les espèces intervenant dans l'équation de réaction d'une transformation chimique ?

→ Fiche 7

Matière

- Quelle est la nature des solutions ayant un pH inférieur à 7 ? un pH supérieur à 7 ?
- Quels sont les ions majoritairement présents dans une solution acide ?

→ Fiche 8

Mouvement et interaction

- Comment qualifie-t-on le mouvement d'un objet dont la trajectoire est une droite et dont la vitesse est constante ?
- Quelle est l'expression de la vitesse moyenne d'un objet ?

→ Fiches 9 et 10

Mouvement et interaction

- Quelles sont les caractéristiques d'une force ?
- Quelle est l'expression du poids d'un objet de masse m ?

→ Fiches 11 et 12

Mouvement et interaction

- Quelle est la nature de l'interaction modélisée par la loi de la gravitation ?

→ Fiche 13

Énergie

- Quelle est l'expression de l'énergie cinétique d'un objet en mouvement ?
- Quelle est la relation entre la puissance et l'énergie ?

→ Fiches 14 et 15

Énergie

- Comment mesure-t-on l'intensité du courant électrique ? la tension électrique ?
- Quelles sont les lois de l'intensité du courant dans un circuit qu'il soit en série ou en dérivation ? Quelles sont celles de la tension électrique ?

→ Fiche 16

Énergie

- Quelle est la relation entre la tension électrique U aux bornes d'une résistance R et l'intensité I du courant électrique qui la traverse ?

→ Fiche 17

Signaux

- Quelle est la vitesse de propagation du son dans l'air ? de la lumière dans le vide ou dans l'air ?
- Quel est le domaine de fréquences des sons audibles par l'être humain ? des infrasons ? des ultrasons ?

→ Fiche 18

1 Mélanges homogènes et hétérogènes

MÉLANGE HOMOGÈNE

Constituants non visibles à l'œil nu

liquide + solide

Solution (d'eau salée) obtenue par **dissolution** d'un **soluté** (sel) dans un **solvant** (eau).

liquide + liquide

Solution obtenue par mélange de **liquides miscibles** (eau + sirop).

Solubilité :
masse maximale de soluté qui peut être dissoute par litre de solvant.

MÉLANGE HÉTÉROGÈNE

Au moins 2 constituants visibles à l'œil nu

liquide + solide

Solution saturée (d'eau salée) : le **soluté** (sel) ne se dissout plus dans le **solvant** (eau).

liquide + liquide

Phases distinctes de **liquides non miscibles** (eau et huile) après agitation.

2 Masse volumique

Définir la masse volumique

$$\rho = \frac{m}{V}$$

Masse volumique (en g/L ou g/mL) → ρ

Masse (en g) → m

Volume (en L ou mL) → V

La masse volumique est caractéristique d'une espèce chimique : elle permet de l'identifier.

Cas de l'eau

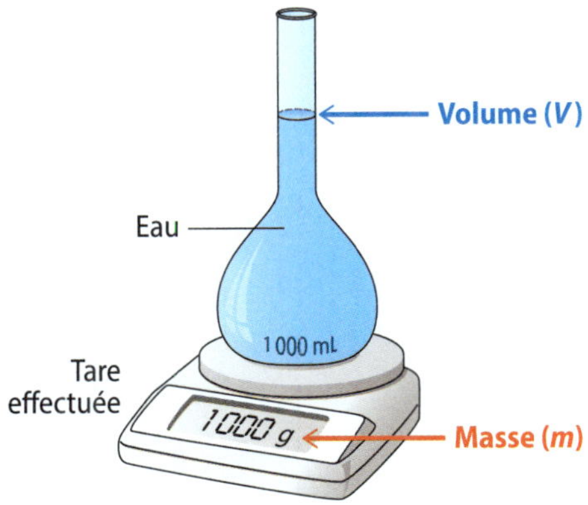

$$\rho = \frac{1\,000}{1} = 1\,000 \text{ g/L}$$

ou

$$\rho = \frac{1\,000}{1\,000} = 1 \text{ g/mL}$$

La masse volumique de l'eau pure est égale à 1000 g par litre, soit 1 kg par litre.

Utiliser la masse volumique

➔ Fiche 32

Pour calculer une masse :

$$m = \rho \times V$$

Pour calculer un volume :

$$V = \frac{m}{\rho}$$

3 Constituants de l'atome

Composition d'un atome

ATOME
électriquement neutre

Un noyau
- chargé positivement
- composé de nucléons

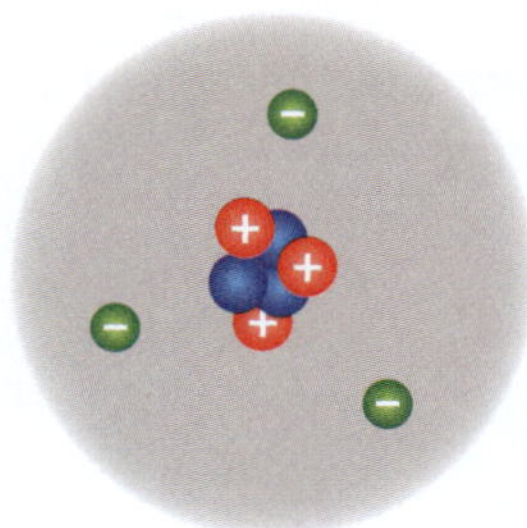

Des électrons
- chargés négativement
- en mouvement dans le vide autour du noyau
- nombre d'électrons égal au nombre de protons

Des neutrons
Nucléons de charge nulle

Des protons
Nucléons de charge positive

Représentation symbolique du noyau d'un atome

Nombre de nucléons (ou nombre de masse)
(A nucléons = Z protons + N neutrons)

$$^{A}_{Z}\mathrm{X}$$

Numéro atomique
(= nombre de protons)

Symbole
de l'atome

4 Ions

ION

Atome ou groupe d'atomes chargé électriquement par perte ou gain d'électrons

CATION

chargé positivement par PERTE d'électron(s)

ATOME de magnésium

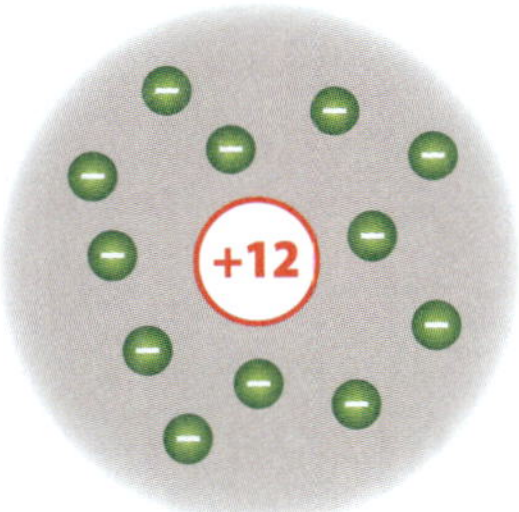

$^{24}_{12}Mg$

12 protons
12 électrons

Perte de 2 électrons

ION magnésium

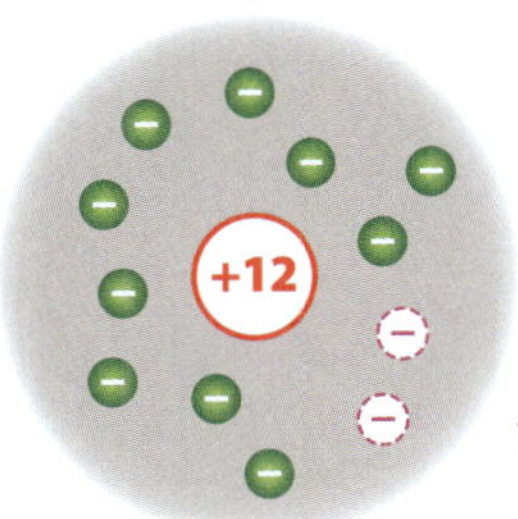

La charge de l'ion est +2 : l'atome a perdu 2 électrons

Mg^{2+}

12 protons
12 – 2 = 10 électrons

ANION

chargé négativement par GAIN d'électron(s)

ATOME de chlore

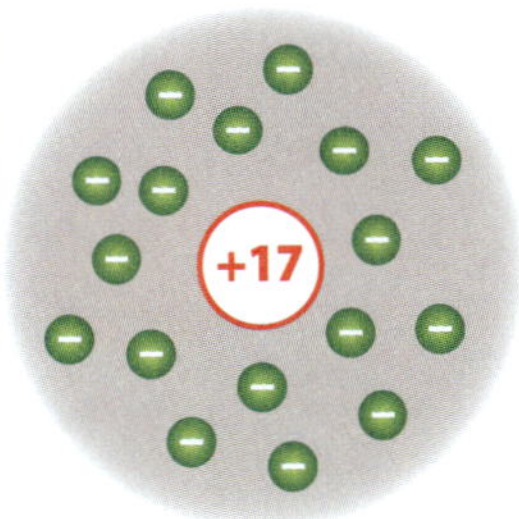

$^{35}_{17}Cl$

17 protons
17 électrons

Gain de 1 électron

ION chlorure

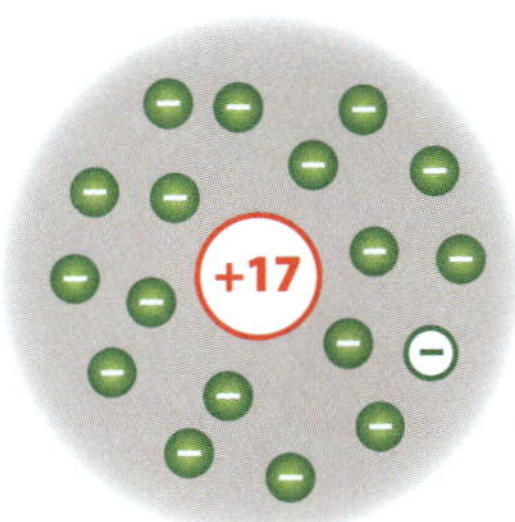

La charge de l'ion est –1 : l'atome a gagné 1 électron

Cl^{-}

17 protons
17 + 1 = 18 électrons

5 Molécules

MOLÉCULE

formée d'au moins deux atomes liés entre eux et représentée par...

son modèle moléculaire

Chaque atome est modélisé par une boule de couleur :

Hydrogène Oxygène Azote Carbone

H O N C

Exemples de molécules

Dioxygène 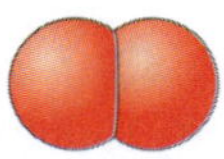 ▶ O_2

Diazote  ▶ N_2

Dihydrogène  ▶ H_2

Dioxyde de carbone  ▶ CO_2

Eau

2 atomes d'hydrogène

1 atome d'oxygène

▶

sa formule chimique

Elle indique la nature et le nombre des atomes de la molécule.

O_2

N_2

H_2

CO_2

Symbole des atomes

H_2O

Nombre d'atomes (le 1 ne s'écrit pas)

6 Changements d'état

La matière existe principalement sous trois états physiques : solide, liquide et gaz. Un changement d'état est le passage d'un état physique à un autre.

Changements d'état de la matière

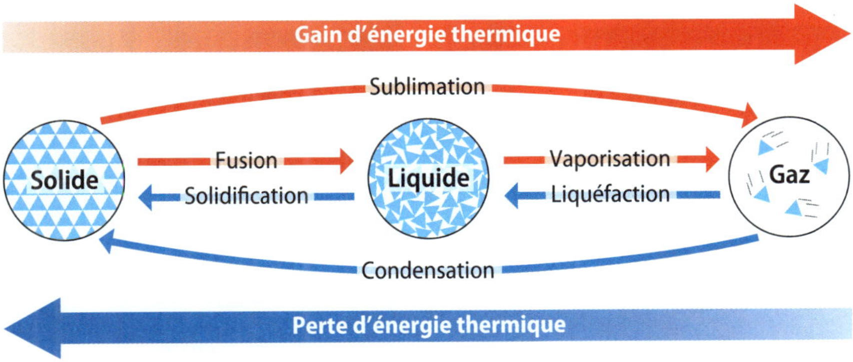

Caractéristiques d'un changement d'état

Les températures de changement d'état d'un corps pur dépendent de la pression.

Un corps pur peut être identifié par ses températures de changement d'état.

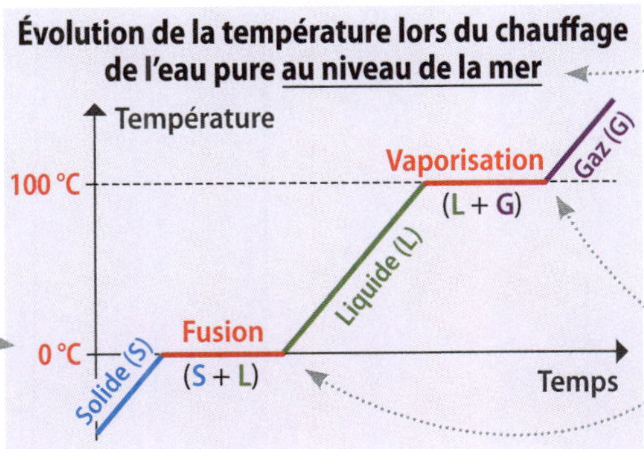

Lors des changements d'état d'un corps pur (ici, l'eau pure), on observe des paliers de température (température constante).

Lors d'un changement d'état :
- la masse se conserve ;
- le volume varie.

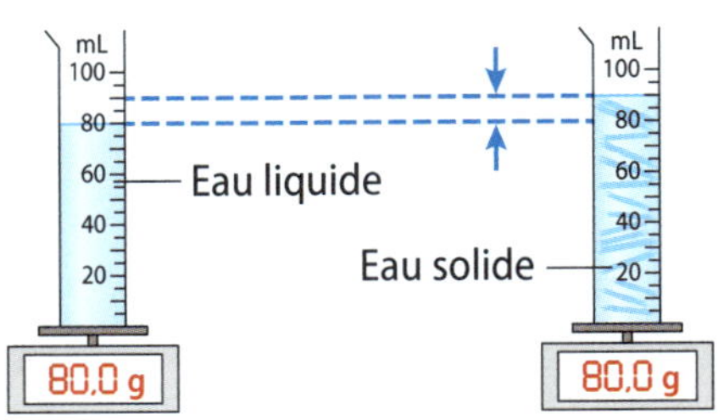

7 Transformation physique ou chimique

TRANSFORMATION DE LA MATIÈRE

Évolution d'un état initial à un état final

Transformation physique

Espèces chimiques identiques entre l'état initial et l'état final

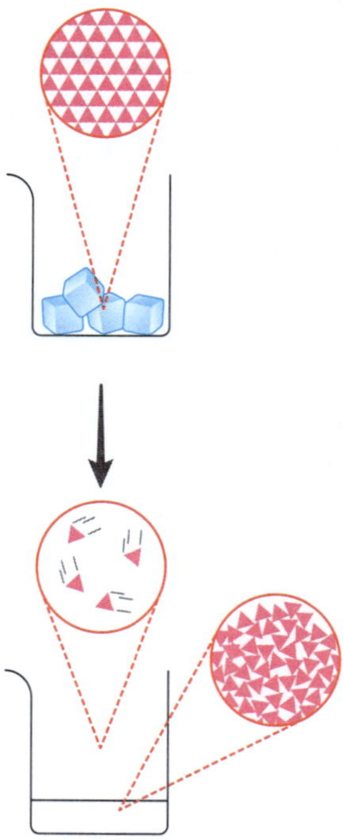

Exemples

- Changement de forme : broyage, découpage, etc.
- Changement d'état
- Dissolution

Transformation chimique

Espèces chimiques différentes entre l'état initial et l'état final

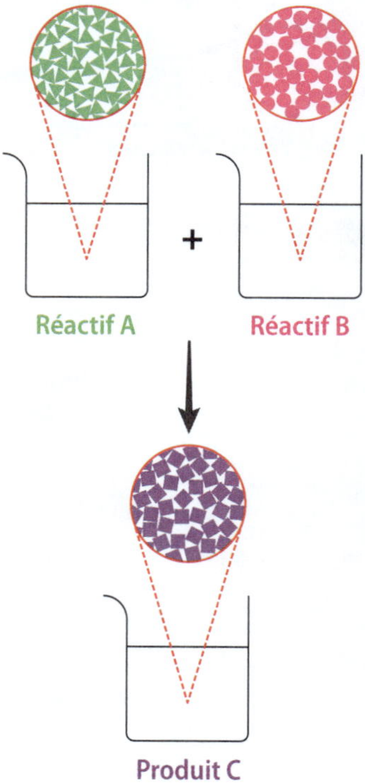

Exemples

- Tests caractéristiques
- Réaction acide-base
- Réaction acide-métal
- Combustion

Description d'une transformation chimique

Méthode | **Exemple**

1. Bilan

Nommer les réactifs et les produits.

Réactifs → **Produits**
Espèces chimiques consommées — Espèces chimiques formées

La combustion du méthane

▶ méthane + dioxygène → dioxyde de carbone + eau

2. Modélisation

Vérifier la **conservation des atomes** entre les réactifs et les produits.

Lors d'une transformation chimique, **la masse se conserve** :

$$m_{réactifs} = m_{produits}$$

▶ 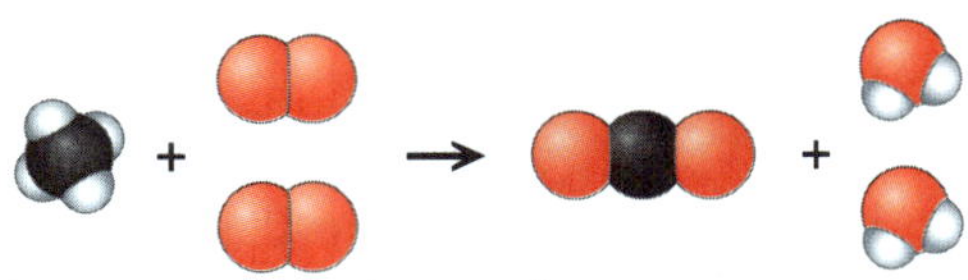

Réactifs :
- ● carbone : 1 atome
- ○ hydrogène : 4 atomes
- ● oxygène : 4 atomes

Produits :
- ● carbone : 1 atome
- ○ hydrogène : 4 atomes
- ● oxygène : 4 atomes

3. Équation de réaction

Utiliser les formules chimiques et ajuster l'équation avec des coefficients si nécessaire, pour respecter la conservation des atomes.

Ce coefficient indique qu'il y a 2 molécules de dioxygène.

▶ $$CH_4 + 2\ O_2 \rightarrow CO_2 + 2\ H_2O$$

Quand il n'y a qu'une seule molécule, le coefficient 1 ne s'écrit pas.

1 molécule de méthane et 2 molécules de dioxygène réagissent ensemble pour former 1 molécule de dioxyde de carbone et 2 molécules d'eau.

8 Solutions acides ou basiques

Une solution aqueuse contient des molécules d'eau, des ions hydrogène H^+ et des ions hydroxyde HO^-.

pH et ions en solution

Le pH d'une solution permet de savoir si une solution est acide ou basique. Il est lié à la présence d'ions hydrogène H^+ en solution.

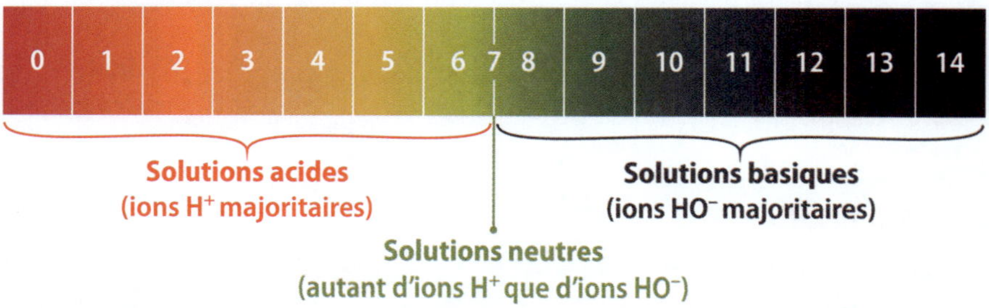

Le papier pH donne une estimation du pH à l'unité. Le pH-mètre permet une mesure précise.

Transformation chimique

• Entre une solution acide et un métal

Une solution d'acide chlorhydrique réagit avec certains métaux (le fer, le zinc, l'aluminium). Les produits sont le dihydrogène et un ion formé par l'atome constituant le métal.

Remarque Le cuivre ne réagit pas avec une solution d'acide chlorhydrique.

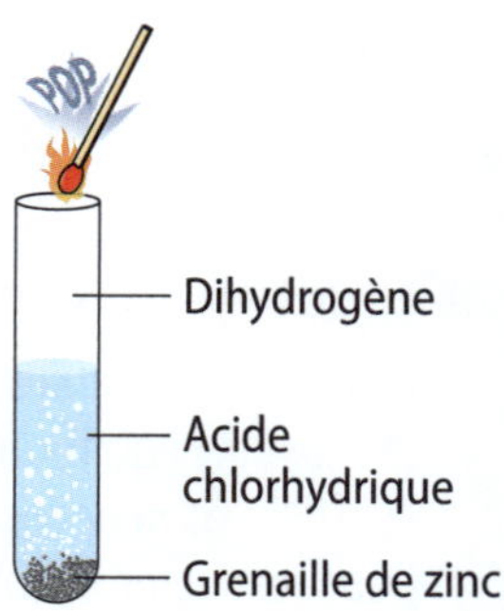

Réaction entre l'acide chlorhydrique et la grenaille de zinc.

• Entre une solution acide et une solution basique

La transformation chimique entre une solution d'acide chlorhydrique et une solution basique d'hydroxyde de sodium (soude) dégage de l'énergie thermique.

9 Mouvement d'un objet

Le mouvement d'un objet est décrit par rapport à un objet de référence, appelé **référentiel**.

La passagère est immobile dans le référentiel du train et en mouvement dans le référentiel des rails.

Pour décrire le mouvement d'un objet dans un référentiel choisi, il faut connaître…

sa TRAJECTOIRE

C'est l'ensemble des positions de l'objet au cours du mouvement.

l'évolution de sa VITESSE

Elle peut augmenter, rester constante ou diminuer.

➔ Fiche 10

Exemples de mouvements :

La vitesse → / La trajectoire est ↓	augmente	reste constante	diminue
une droite	Mouvement rectiligne accéléré	Mouvement rectiligne uniforme	Mouvement rectiligne ralenti
un cercle	Mouvement circulaire accéléré	Mouvement circulaire uniforme	Mouvement circulaire ralenti

10 Vitesse d'un objet

La vitesse d'un objet…

est définie par

- sa direction (horizontale, verticale, etc.) ;
- son sens (vers le bas, vers le haut, etc.) ;
- sa valeur v.

est représentée par un segment fléché

- qui indique la direction (la droite (AB)) ;
- qui indique le sens (de A vers B) ;
- dont la longueur est proportionnelle à la valeur v.

Vitesse moyenne

$$v = \frac{d}{\Delta t}$$

Vitesse moyenne (en m/s ou en km/h)

Distance parcourue (en m ou en km)

Durée du parcours (en s ou en h)

Remarque
La notation Δt (que l'on prononce « delta t ») indique une **durée**. C'est la différence entre l'instant final et l'instant initial : $\Delta t = t_f - t_i$

- L'unité légale de la vitesse est le mètre par seconde (m/s ou $m{\cdot}s^{-1}$).
- La vitesse est souvent exprimée dans son unité usuelle, le kilomètre par heure (km/h ou $km{\cdot}h^{-1}$).

Conversions

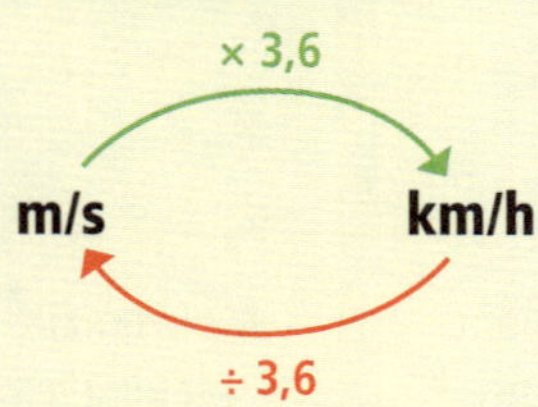

Exemples

- La Station spatiale internationale tourne autour de la Terre à une vitesse d'environ 7 700 m/s :
7 700 m/s = **7 700** × 3,6 = 27 720 km/h
- Un véhicule roule à une vitesse moyenne de 90 km/h :
90 km/h = **90** ÷ 3,6 = 25 m/s

Utiliser la vitesse

➔ Fiche 32

Pour calculer une **distance** :

$$d = v \times \Delta t$$

Pour calculer une **durée** :

$$\Delta t = \frac{d}{v}$$

11 Modélisation des interactions

Interactions

Deux objets en **interaction** agissent **réciproquement** l'un sur l'autre.
Il existe deux types d'interactions : les interactions à distance et les interactions de contact.

Exemples

On étudie un ballon lors d'un tir, au football. Il existe :
- une interaction à distance entre le ballon et la Terre ;
- une interaction de contact entre le ballon et le pied.

On représente ces interactions à l'aide d'un **diagramme objet-interaction.**

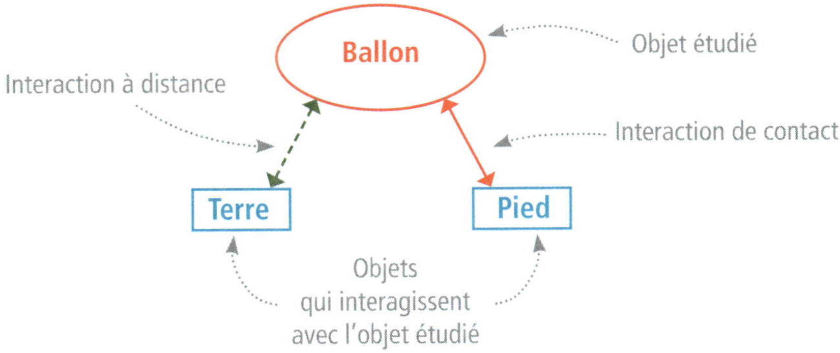

Modélisation d'une interaction

ACTION

modélisée par une force $\vec{F}_{\text{acteur/receveur}}$ caractérisée par

- une direction (----) : horizontale, verticale, etc. ;
- un sens (>) : vers le haut, vers le bas, etc. ;
- une valeur : exprimée en newtons (N).

→

FORCE

Cette force est représentée par un segment fléché.

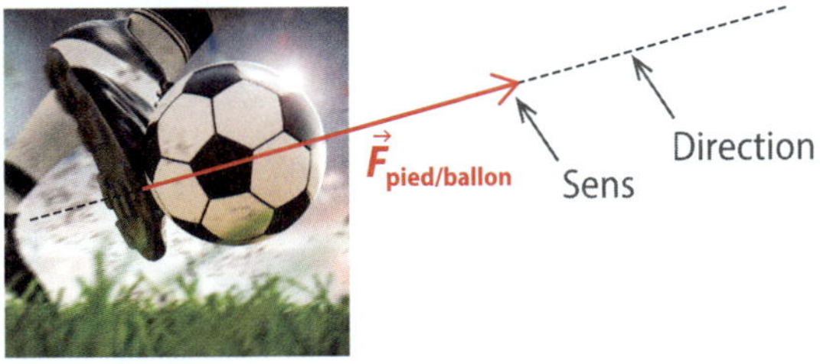

Représentation de la force exercée par le pied sur le ballon.

La longueur du segment est proportionnelle à la valeur de la force.

12 Poids, force de pesanteur

Le poids $\vec{P}$ d'un objet est la force d'attraction exercée par la Terre sur l'objet.

Une fois lancée, la balle n'interagit qu'avec la Terre.
On représente cette interaction par un diagramme objet-interaction.

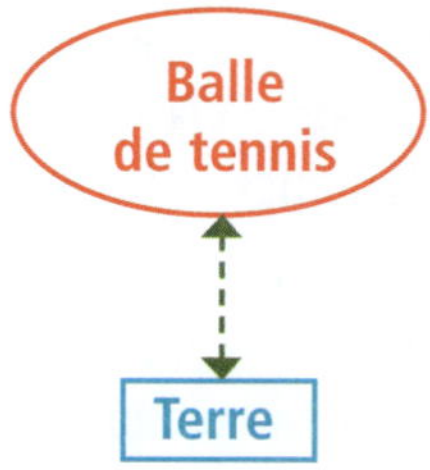

Relation entre poids et masse

Le poids et la masse sont deux grandeurs proportionnelles.

$$P = m \times g$$

- Poids (en N) : P
- Masse (en kg) : m
- Intensité de la pesanteur (en N/kg) : g

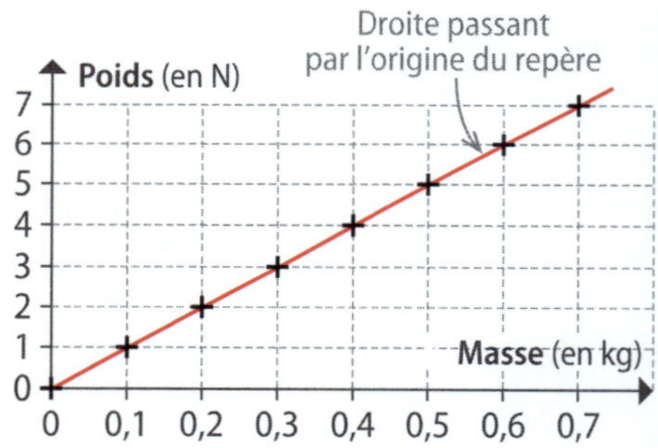

Remarque L'intensité de la pesanteur g dépend de l'altitude du lieu sur la Terre.
En moyenne, sur Terre, g = 9,8 N/kg.

Ne pas confondre !

Poids	force	mesuré avec un dynamomètre	exprimé en newtons (N)	dépend de l'altitude du lieu
Masse	liée à la quantité de matière de l'objet	mesurée avec une balance	exprimée en kilogrammes (kg)	invariable

Représentation du poids $\vec{P}$

Exemple : une balle de masse m = 56 g

Caractéristiques	Représentation
• Direction (----) : verticale • Sens (>) : vers le bas • Valeur : $P = m \times g$ $P = 0{,}056 \times 9{,}8 = 0{,}55$ N	 Avec l'échelle 1 cm ⟷ 0,5 N, le segment fléché représentant $\vec{P}$ mesure 1,1 cm.

13 Loi de la gravitation universelle

La gravitation universelle est une **interaction attractive à distance** entre deux corps qui ont une **masse**.

Énoncé de la loi

Énoncée en 1687 par le physicien anglais Isaac Newton, la loi de la gravitation universelle modélise les interactions entre deux corps.
Deux corps A et B de masses respectives m_A et m_B, séparés d'une distance d, exercent l'un sur l'autre des forces $\vec{F}_{A/B}$ et $\vec{F}_{B/A}$ de même direction, de même valeur mais de sens contraires.

Masse (en kg)

$$F_{A/B} = F_{B/A} = G \times \frac{m_A \times m_B}{d^2}$$

Force (en N) Distance (en m)

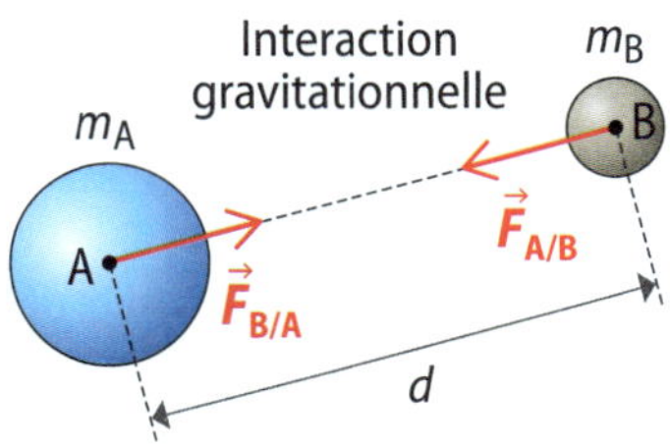

Remarque G est la constante de la gravitation universelle : $G = 6,67 \times 10^{-11}\ N{\cdot}m^2{\cdot}kg^{-2}$.

Cette loi explique le mouvement des astres dans l'Univers et la chute des corps sur Terre.

Exploitation de la loi

La valeur des forces $\vec{F}_{A/B}$ et $\vec{F}_{B/A}$ dépend de la masse des corps et de la distance entre les deux corps :

	Si augmentation de la masse d'un ou des corps	Si augmentation de la distance entre les deux corps
Valeur des forces	Augmentation	Diminution

14 Formes d'énergie

FORMES D'ÉNERGIE

Énergie lumineuse

Transportée par la lumière.

Énergie nucléaire

Libérée par la rupture du noyau d'un atome ou par la formation d'un noyau.

Énergie électrique

Produite dans les éclairs et utilisée dans les circuits électriques.

Énergie thermique

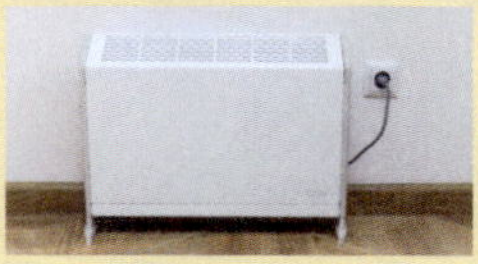

Liée à l'agitation des molécules (lorsque l'énergie thermique est transférée, on parle de « chaleur »).

Énergie chimique

Produite par des réactions entre espèces chimiques.

Énergie mécanique

Liée au mouvement, dépend de la **vitesse** et de la **position** d'un objet.

Énergie potentielle de position

Liée à la position de l'objet étudié.

Énergie cinétique

Liée à la vitesse d'un objet en mouvement :

$$E_c = \frac{1}{2} \times m \times v^2$$

E_c : Énergie cinétique (en J) ; m : Masse (en kg) ; v : Vitesse (en m/s)

15 Puissance et énergie

Puissance électrique

Un appareil électrique en fonctionnement reçoit une puissance électrique P :

$$P = U \times I$$

- P : Puissance électrique reçue par l'appareil (en W)
- I : Intensité du courant qui traverse l'appareil (en A)
- U : Tension électrique aux bornes de l'appareil (en V)

Énergie électrique

Un appareil électrique en fonctionnement consomme une énergie électrique E :

$$E = P \times \Delta t$$

- E : Énergie électrique consommée (en J ou en kW·h)
- Δt : Durée de fonctionnement (en s ou en h)
- P : Puissance électrique reçue par l'appareil (en W ou en kW)

Remarque La notation Δt (que l'on prononce « delta t ») indique une **durée**.
C'est la différence entre l'instant final et l'instant initial : $\Delta t = t_f - t_i$.

Conversions

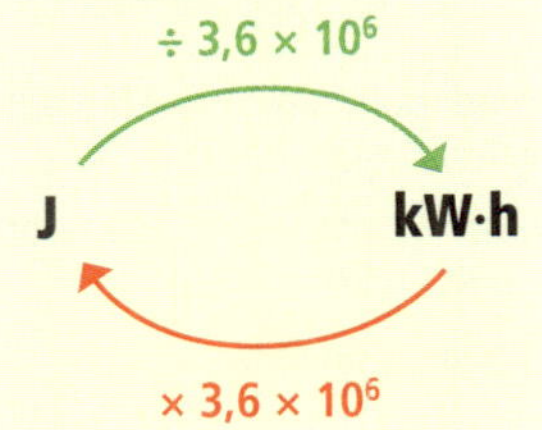

Exemples

- Énergie consommée en 2 heures par un téléviseur allumé :
  $3{,}6 \times 10^5$ J = $\mathbf{3{,}6 \times 10^5} \div 3{,}6 \times 10^6$ = 0,10 kW·h
- Consommation électrique d'un particulier :
  850 kW·h = $\mathbf{850} \times 3{,}6 \times 10^6$ = $3{,}06 \times 10^9$ J

Bilan énergétique

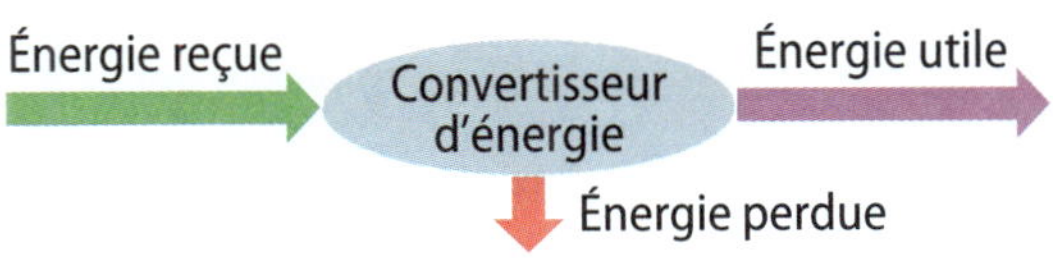

Le bilan énergétique traduit la conservation de l'énergie :

$$E_{reçue} = E_{utile} + E_{perdue}$$

Exemple

L'alternateur convertit l'énergie cinétique en énergie électrique et en énergie thermique :

$$E_{cinétique} = E_{électrique} + E_{thermique}$$

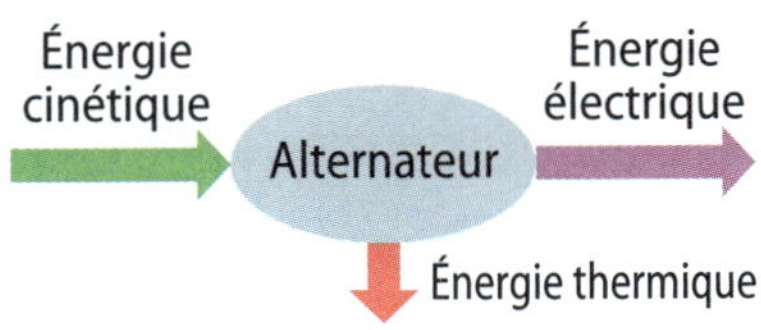

16 Lois de l'électricité

Circuit électrique

Un circuit électrique comporte un générateur et des dipôles récepteurs représentés par des schémas normalisés. On distingue deux types de circuit.

- **Circuit en série**
Le circuit comporte une seule boucle.

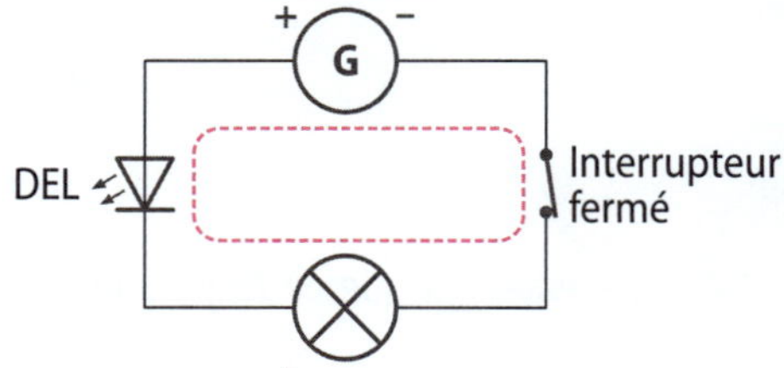

- **Circuit en dérivation**
Le circuit comporte au moins deux boucles.

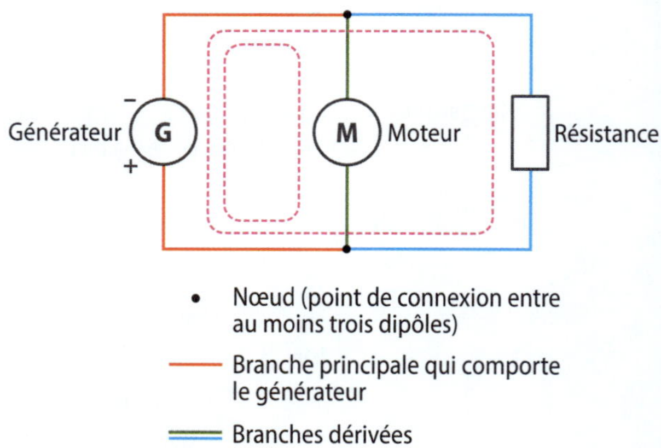

Remarque

Une pile est un générateur.
Son symbole est :

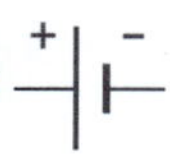

L'intensité du courant électrique

- Le courant électrique est délivré par le générateur. Il circule dans un circuit fermé à l'extérieur du générateur de la borne positive vers la borne négative.
- L'intensité *I* du courant électrique s'exprime en ampères (A).
- Elle se mesure avec un ampèremètre, branché en série dans le circuit.

➲ Fiche 27

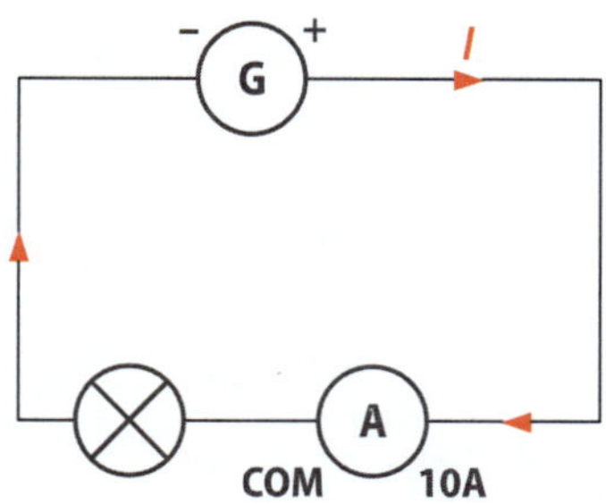

La tension électrique

- La tension électrique U s'exprime en volts (V).
- Elle se mesure avec un voltmètre, branché en dérivation aux bornes d'un dipôle.

➔ Fiche 27

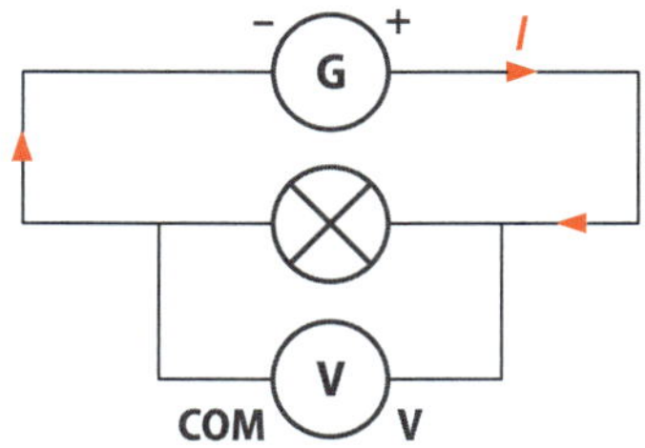

Lois dans les circuits

	Circuit en série	Circuit en dérivation
Lois des intensités	L'intensité du courant est la même dans tous les dipôles. 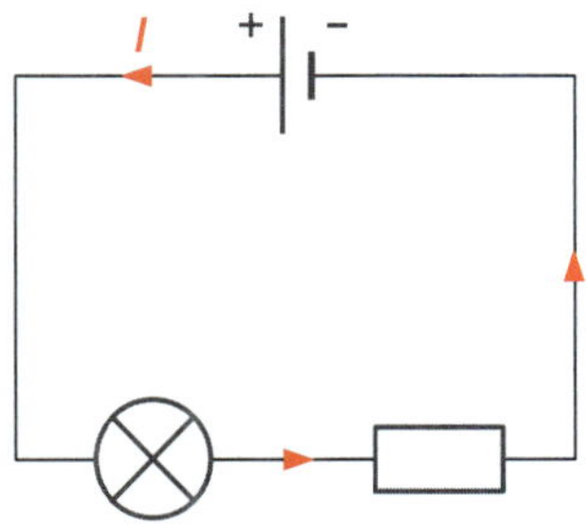 $I = I_L = I_R$	La somme des intensités des courants qui arrivent à un nœud est égale à la somme des intensités des courants qui en repartent. 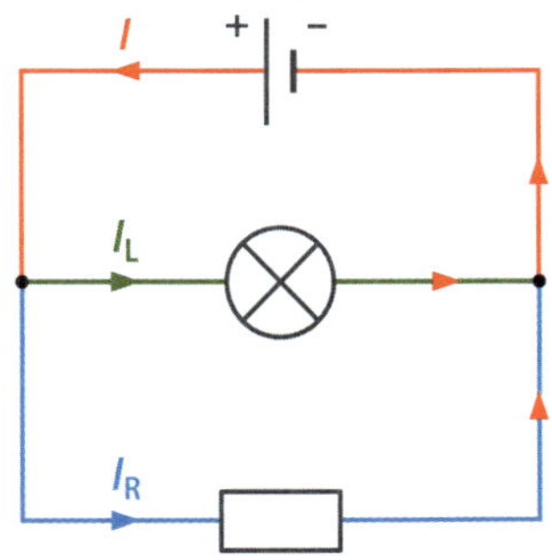 $I = I_L + I_R$
Lois des tensions	La tension aux bornes du générateur est égale à la somme des tensions aux bornes des autres dipôles. 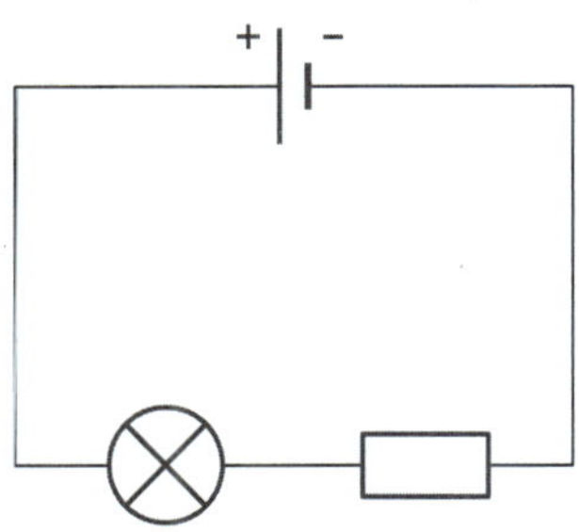 $U_G = U_L + U_R$	La tension aux bornes de dipôles branchés en dérivation est la même. 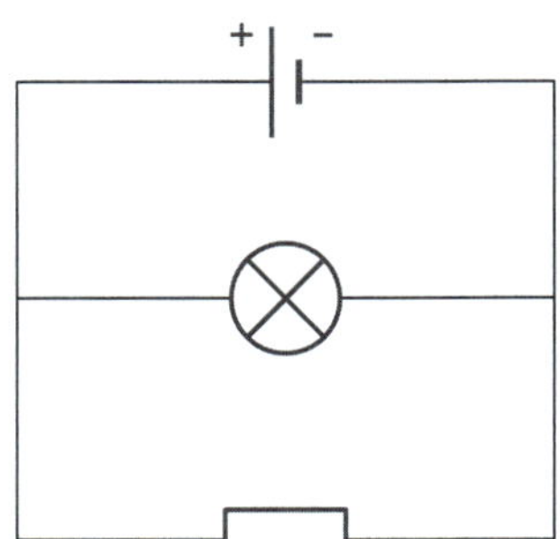 $U_G = U_L = U_R$

17 Loi d'Ohm

Résistance électrique

- Une résistance électrique est un dipôle récepteur qui s'oppose au passage du courant dans un circuit : plus la résistance est élevée, plus l'intensité du courant est faible.

Remarque Par abus de langage, on désigne le dipôle et sa grandeur électrique par le même terme : **résistance**. En toute rigueur, la résistance est la grandeur qui caractérise un conducteur ohmique (dipôle).

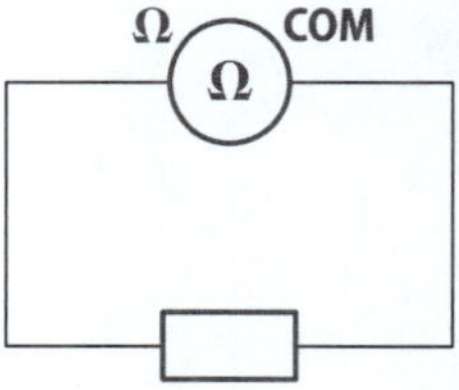

- La résistance électrique R s'exprime en ohms (Ω).
- Elle se mesure avec un ohmmètre, branché aux bornes de la résistance en dehors de tout circuit.

➔ Fiche 27

Remarque Le code donné par les couleurs des anneaux figurant sur la résistance permet d'estimer la valeur de la résistance.

Loi d'Ohm

La tension U aux bornes d'une résistance R et l'intensité I du courant qui la traverse sont deux grandeurs proportionnelles.

➔ Fiche 56

Résistance (en Ω)

Intensité (en A)

$$U = R \times I$$

Tension (en V)

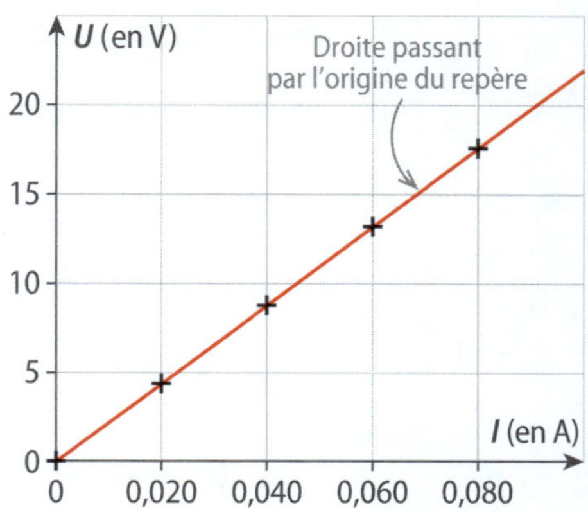

18 Propagation de signaux

Signaux sonores

Un son correspond à une vibration qui se propage dans tout milieu matériel.

Le haut-parleur provoque une vibration qui se propage dans l'air et produit donc un son.

- Le son se propage uniquement dans les milieux matériels.
- La vitesse de propagation du son dépend du milieu de propagation et de sa température.

Milieu de propagation	Air*	Eau*
Vitesse de propagation (en m/s)	340	1 500

* Pour une température de 20 °C

- Un son est caractérisé, entre autres, par sa fréquence, mesurée en hertz (Hz).

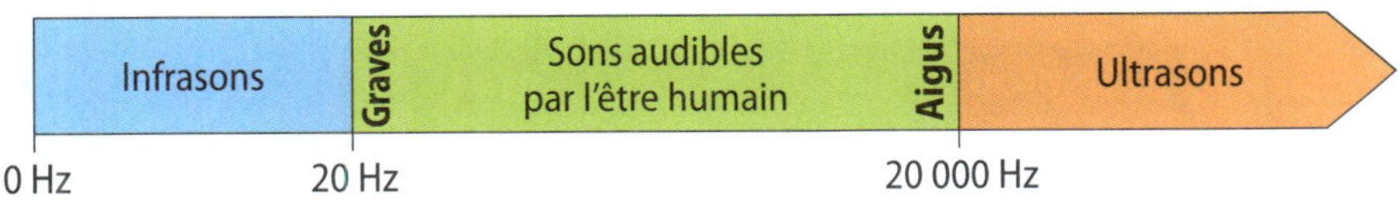

Signaux lumineux

La lumière est produite et émise par des sources primaires (Soleil, lampe, écran de téléphone portable, etc.) et est diffusée par les objets.

- La lumière se propage dans le vide et dans les milieux transparents homogènes en ligne droite (propagation rectiligne).
- On représente un rayon de lumière par un segment orienté qui part de la source ou de l'objet diffusant.
- La vitesse de propagation de la lumière dépend du milieu de propagation.

Représentation d'un rayon lumineux partant d'un livre (objet diffusant).

Milieu de propagation	Vide	Air	Eau
Vitesse de propagation (en m/s)	$3{,}0 \times 10^8$	$3{,}0 \times 10^8$	$2{,}3 \times 10^8$

19 Déroulement d'une démarche d'investigation

1. Le problème

Je reformule le problème posé en problème scientifique.

2. L'hypothèse

Je propose une solution au problème.

Je pense que…, je suppose que…

3. La proposition d'une expérience

- Je décris l'expérience que je veux réaliser pour tester mon hypothèse, sous la forme d'un protocole et/ou de schéma(s).
- Je prévois les observations de l'expérience envisagée.

- *Pour tester mon hypothèse, je vais… à l'aide de…*
- *Si mon hypothèse est correcte, alors je vais observer…*

4. La réalisation de l'expérience

- Après l'accord du professeur, je réalise l'expérience.
- Je note les observations et les résultats.

J'observe que…, je constate que…

5. La conclusion

Je valide l'hypothèse. Je réponds au problème.

Sinon :
- je vérifie mon protocole (→ retour à 3)
- ou je refais l'expérience (→ retour à 4)
- ou je formule et je teste une nouvelle hypothèse. (→ retour à 2)

J'en déduis que…, j'en conclus que…

Mes notes

Partie 2

LES MÉTHODES

Quiz diagnostique

Les méthodes –
Pour expérimenter

hatier-clic.fr/pc229a

20 Matériel de laboratoire

Verrerie de stockage

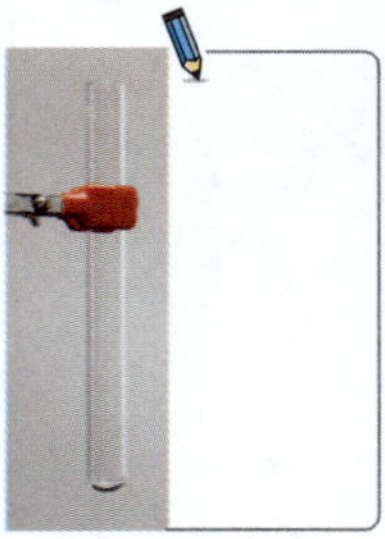

Tube à essais

Bécher

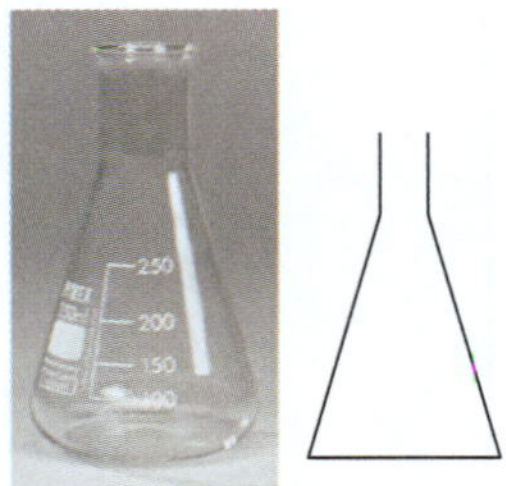

....

Verre à pied

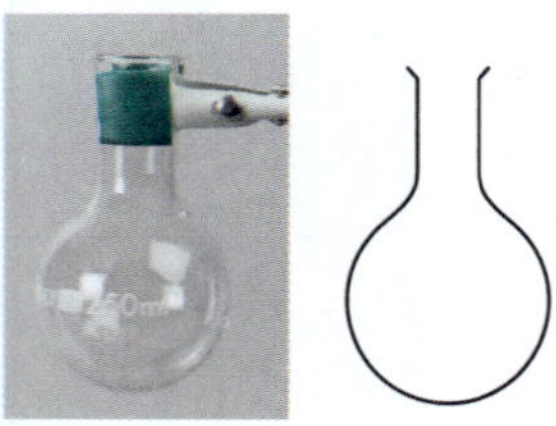

Ballon

Cristallisoir

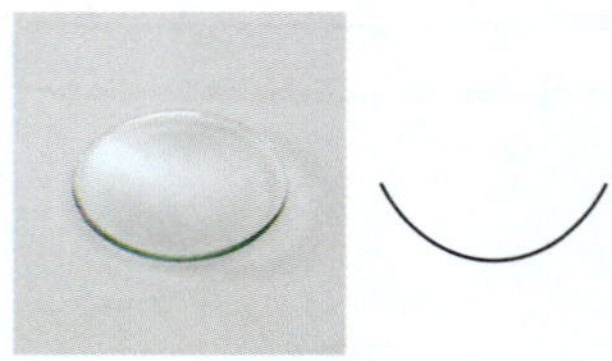

Verre de montre

Verrerie de prélèvement et de mesure

Faible précision

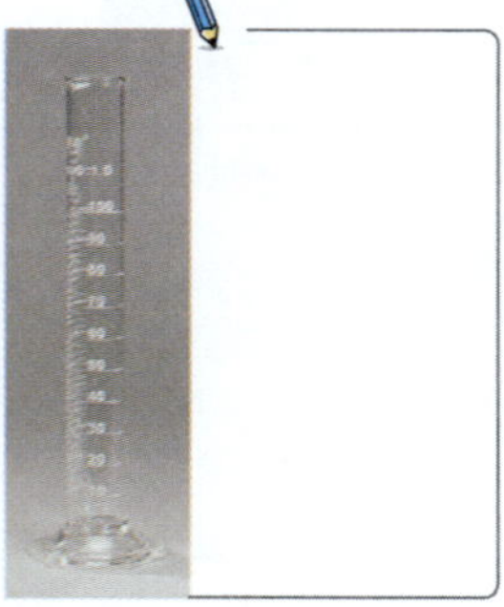

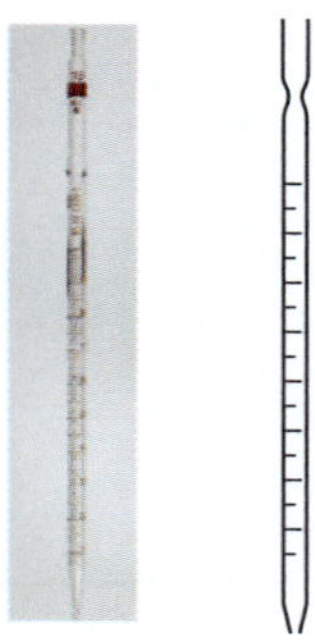

Haute précision

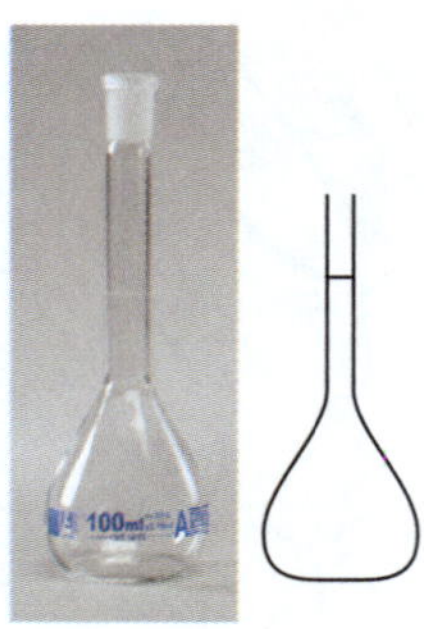

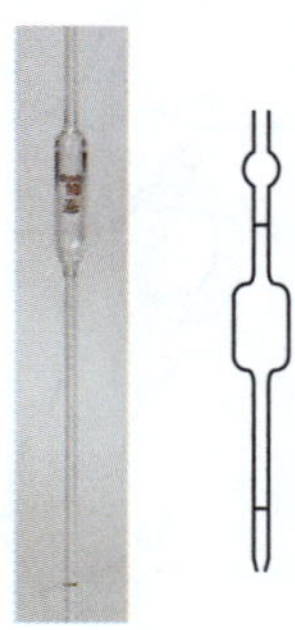

Éprouvette graduée ....

....

Autre matériel

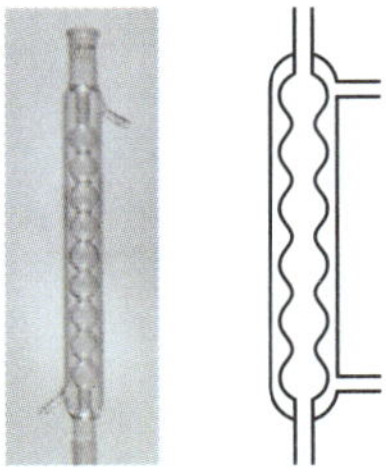

Réfrigérant à boules

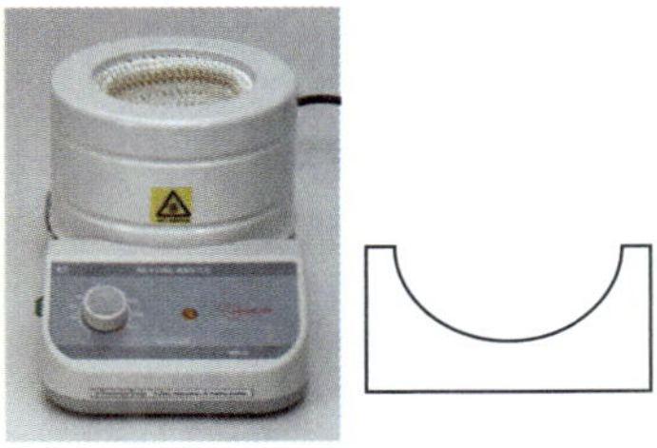

Chauffe-ballon

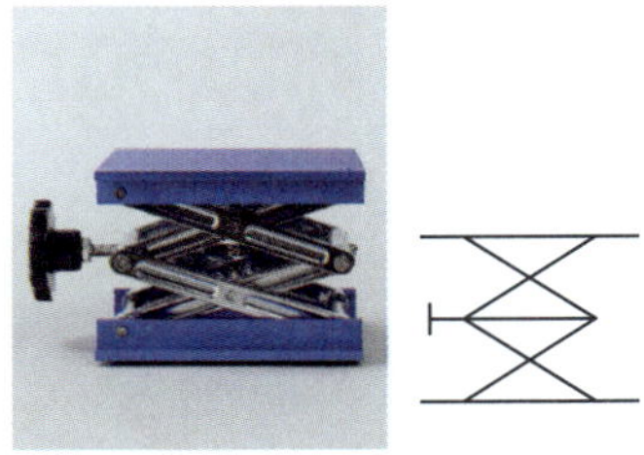

Support élévateur

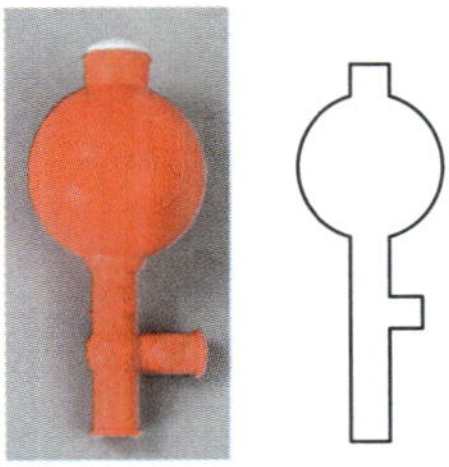

Propipette

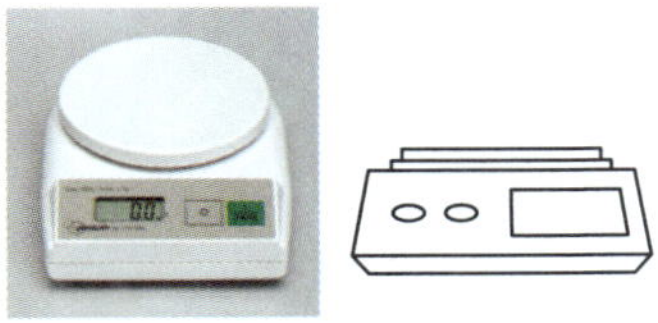

Balance

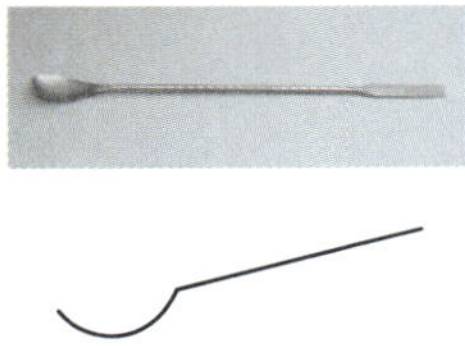

Spatule

À votre tour

Compléter la grille de mots croisés.

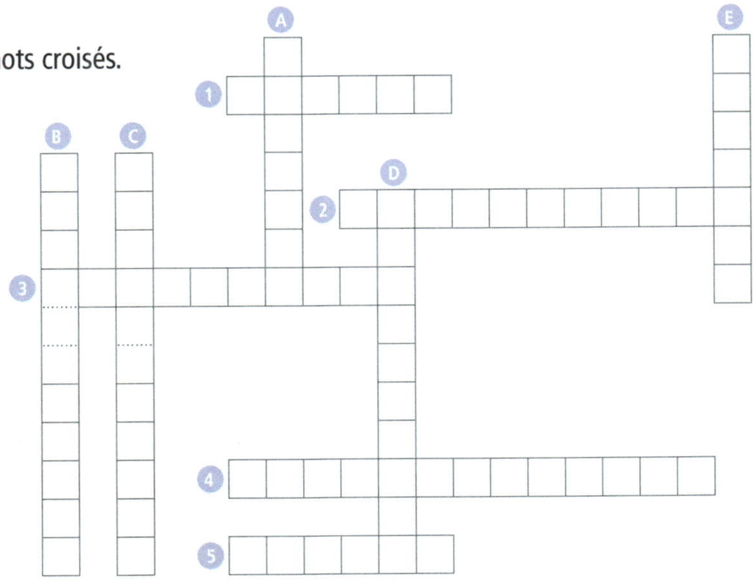

HORIZONTAL

1. Peut s'insérer dans un dispositif de chauffage.
2. Sert à condenser les vapeurs.
3. Verrerie de stockage à col étroit, graduée, mais qui ne peut pas servir pour mesurer un volume.
4. Verrerie de forme cylindrique et relativement plate.
5. Verrerie de stockage qui peut avoir un bec verseur.

VERTICAL

A. Doit être tarée avant utilisation.
B. Verrerie de forme cylindrique étroite sur portoir, utilisée pour réaliser des tests chimiques.
C. Permet de préparer une solution par dilution.
D. Permet de mesurer un volume sans grande précision.
E. Peut être graduée ou jaugée.

21 Pictogrammes de danger

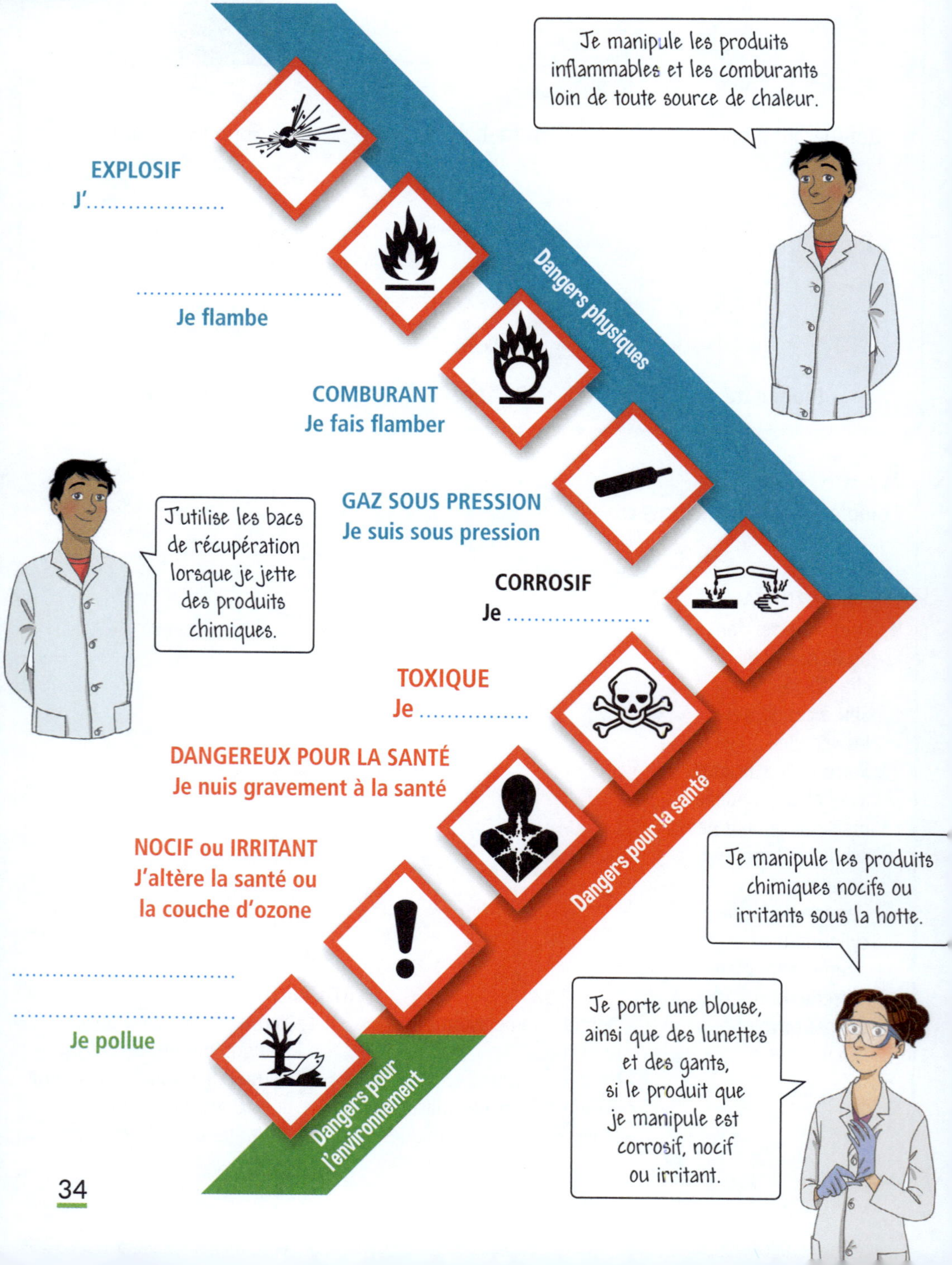

22 Réaliser une chromatographie sur couche mince

Une CCM (chromatographie sur couche mince) permet d'identifier des espèces chimiques présentes dans un mélange homogène. ➔ Fiche 1

1. Introduire l'éluant dans la cuve à chromatographie. Fermer la .... pour la saturer en vapeurs d'éluant. **(schéma a)**

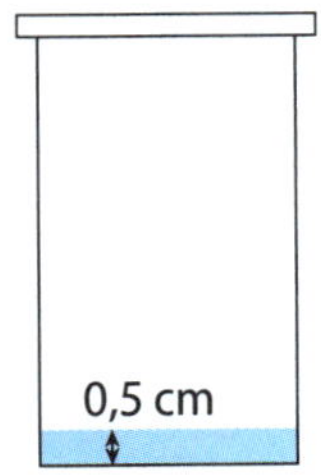

(a)

2. Tracer, au crayon à papier, sur la plaque à chromatographie, la .... à 1,5 cm du bord inférieur. Placer, en espaçant chacune d'au moins 1 cm, une marque par dépôt à effectuer. **(schéma b)**

(b)

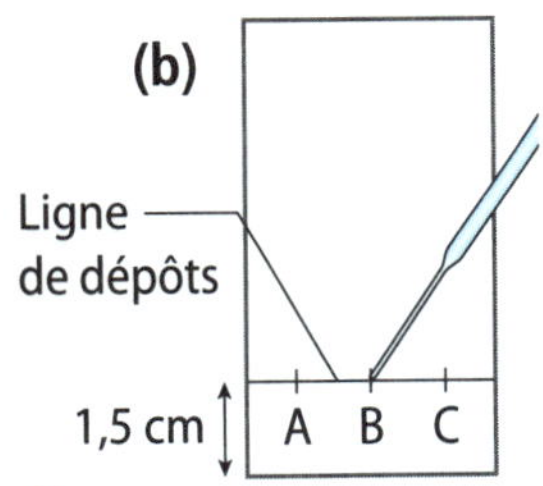

3. Réaliser des dépôts précis à l'aide d'un tube capillaire.

⚠ Changer de tube capillaire pour chaque dépôt.

4. Introduire la .... dans la cuve et refermer. **(schéma c)**

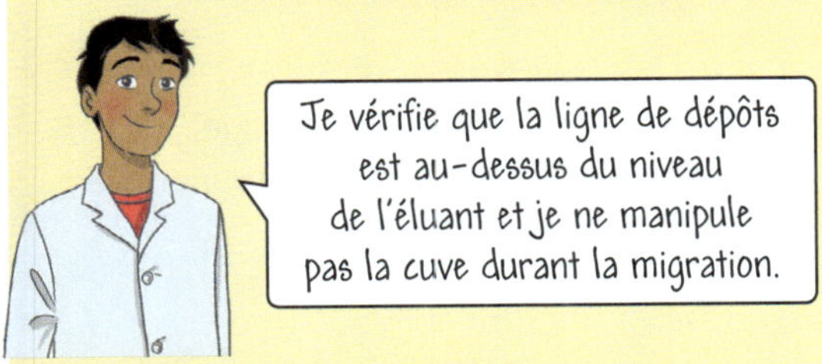

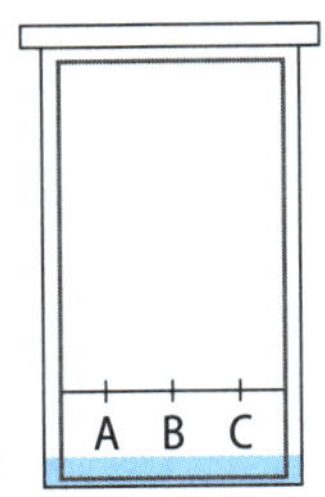

(c)

5. Retirer la plaque et tracer le ....
Sécher la plaque et entourer les taches. **(schéma d)**

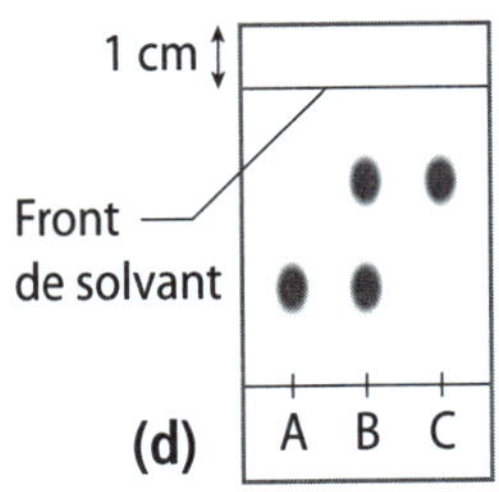

(d)

23 Mesurer une masse

Pour mesurer la **masse *m*** d'un solide divisé (en poudre) ou d'un liquide, on utilise une balance électronique posée sur une table à l'horizontale et un récipient.

Je choisis la balance en fonction de sa précision et de sa portée, c'est-à-dire la masse maximale à ne pas dépasser.

1. Mettre la balance en marche : la valeur 0,0 g s'affiche.

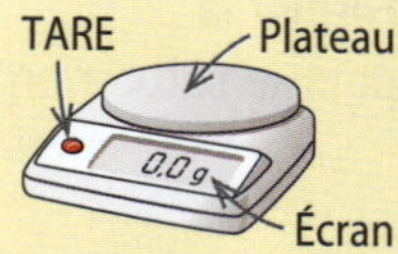

2. Poser sur le plateau le récipient vide qui contiendra le solide ou le liquide à peser. Appuyer sur le bouton TARE pour remettre l'affichage à 0,0 g et s'affranchir ainsi de la masse du récipient.

3. Mettre le solide ou le liquide à peser dans le récipient. Noter la valeur sans oublier l'unité (g).

Lors de la pesée, le plateau de la balance doit être propre : la présence de solide ou de liquide fausserait la pesée.

À votre tour

1. Donner la masse du solide pesé en indiquant la précision de la mesure.

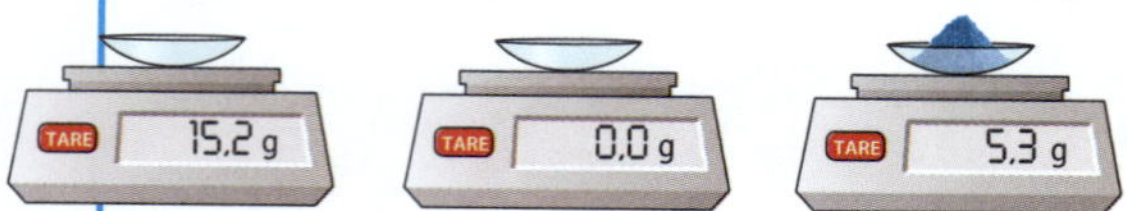

....

....

....

2. Un élève a placé un bécher sur une balance puis l'a rempli d'un liquide. Il affirme que la masse de ce liquide est $m = 120$ g. Indiquer son erreur.

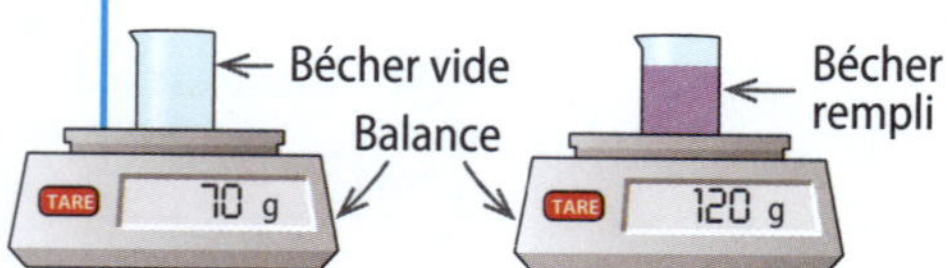

....

....

....

....

3. Expliquer pourquoi il n'est pas possible de peser un solide de masse 0,500 kg avec une balance de portée 300 g.

....

....

24 Mesurer un volume

Je choisis la verrerie de prélèvement en fonction de la précision nécessaire pour la mesure : la verrerie graduée est moins précise que la verrerie jaugée.

Pour mesurer le **volume *V*** d'un liquide, on utilise une pièce de verrerie graduée (éprouvette ou pipette) ou jaugée (pipette à un ou deux traits, ou fiole).

Verrerie graduée

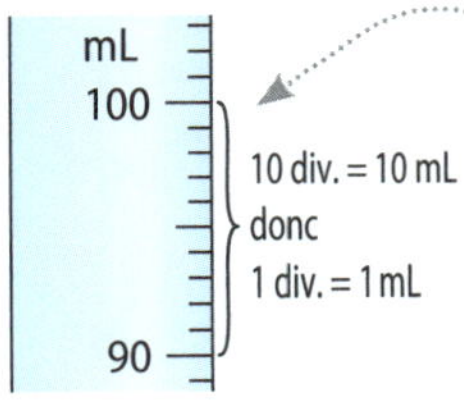

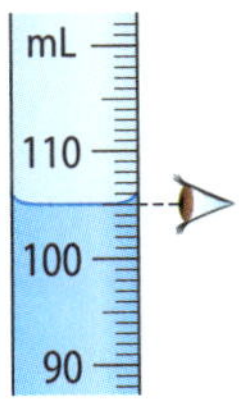

$V = 105$ mL

Méthode

1 Déterminer la valeur d'une **division**.

Repérer le **volume** indiqué sur la pièce de verrerie.

2 Positionner les yeux à la base du ménisque formé par la surface libre du liquide qui doit être immobile.

3 Noter la valeur du volume sans oublier l'unité.

Verrerie jaugée

La verrerie jaugée ne permet de mesurer qu'un volume fixe.

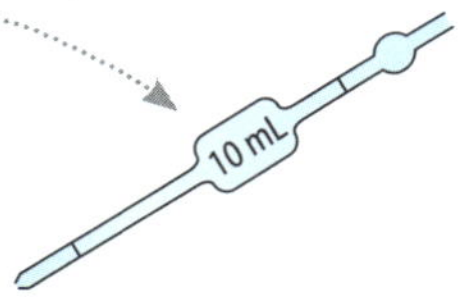

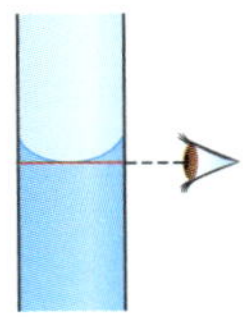

$V = 10$ mL

À votre tour

1. Déterminer la valeur d'une division.

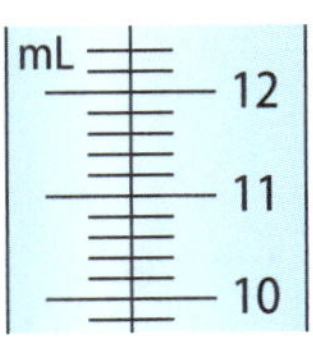

1 division = ...

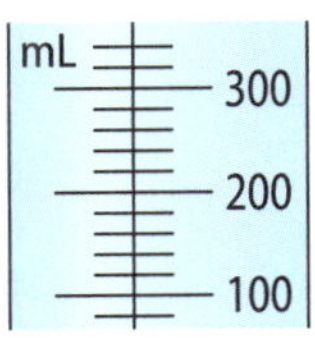

1 division = ...

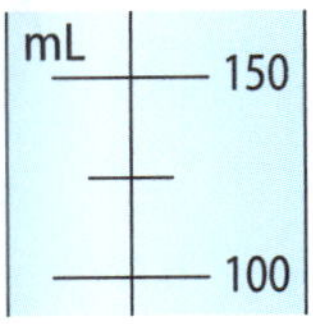

1 division = ...

2. Donner la valeur du volume mesuré.

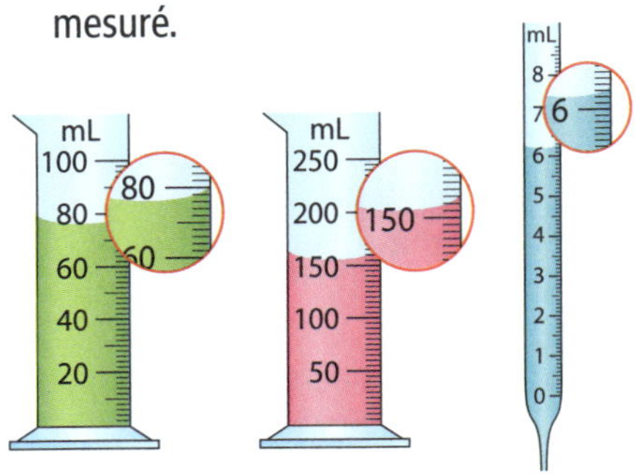

$V =$ .... $V =$ .... $V =$ ....

25 Préparer une solution par dissolution

Astuce

on diSsout un
O
L
I
D
E

On veut préparer un **volume *V*** de solution aqueuse par dissolution d'une **masse *m*** de soluté solide. ➔ **Fiche 46**

1. Placer un verre de montre sur le plateau d'une balance. Après avoir ...., peser le soluté : mettre ce dernier dans le verre de montre jusqu'à obtenir la **masse *m*** souhaitée. **(schéma a)**

(a)
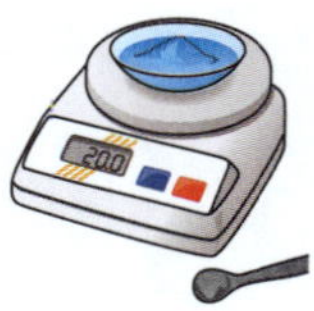

2. Introduire le solide dans la .... de **volume *V***. Rincer ensuite le verre de montre et l'entonnoir avec de l'eau distillée et récupérer l'eau de rinçage dans la fiole jaugée. **(schéma b)**

(b)

3. Remplir la fiole jaugée aux trois quarts avec de l'eau distillée. **(schéma c)**
Agiter la fiole jaugée bouchée pour dissoudre totalement le soluté. **(schéma d)**

(c)

(d)

4. Ajouter de l'eau distillée à la pissette puis à la pipette simple jusqu'à ce que le bas du .... soit au niveau du .... **(schéma e)**

(e)
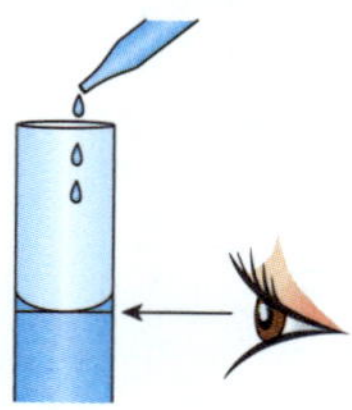

5. Agiter plusieurs fois la fiole jaugée bouchée pour homogénéiser la solution.

26 Préparer une solution par dilution

Astuce

on diLue un
I
Q
U
I
D
E

On veut préparer un **volume V_1** de solution fille par dilution d'une solution mère de **volume V_0**.

➲ Fiche 46

1. Dans un ...., verser suffisamment de solution mère pour pouvoir en prélever le volume V_0.
En inclinant légèrement le bécher, prélever le volume V_0 avec une .... tenue verticalement. **(schéma a)**

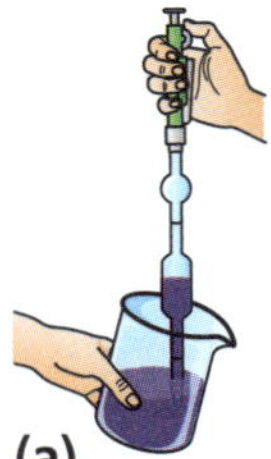
(a)

Ajuster le niveau de solution mère jusqu'à ce que le bas du .... soit au niveau du .... **(schéma b)**

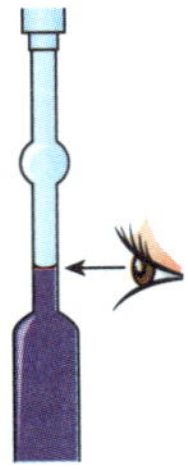
(b)

2. Verser le volume prélevé V_0 dans une .... de volume V_1 jusqu'à ce que le bas du ménisque soit au niveau du trait de jauge inférieur de la pipette. **(schéma c)**

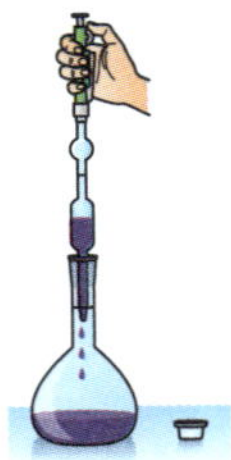
(c)

⚠ Si la pipette jaugée n'a pas de trait de jauge inférieur, la vider entièrement.

3. Remplir la fiole jaugée aux trois quarts avec de l'eau distillée. **(schéma d)**
Agiter la fiole jaugée bouchée. **(schéma e)**

(d)

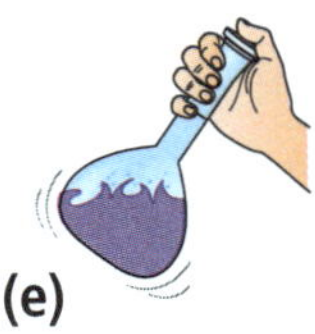
(e)

4. Ajouter de l'eau distillée à la pissette **(schéma f)** puis à la pipette simple jusqu'à ce que le bas du .... soit au niveau du .... de la fiole. **(schéma g)**

(f)

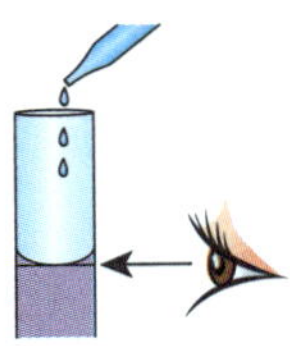
(g)

5. Agiter plusieurs fois la fiole jaugée bouchée pour homogénéiser la solution. **(schéma h)**

(h)

27 Mesurer des grandeurs électriques

Un multimètre permet de mesurer des grandeurs électriques. La mesure à réaliser conditionne son mode de fonctionnement.

➔ Fiches 16 et 17

1. Choisir le mode de fonctionnement

Le mode ohmmètre

Ohmmètre en continu pour mesurer une **résistance *R***

- Branchement en dehors de tout circuit
- Borne Ω et borne **COM**

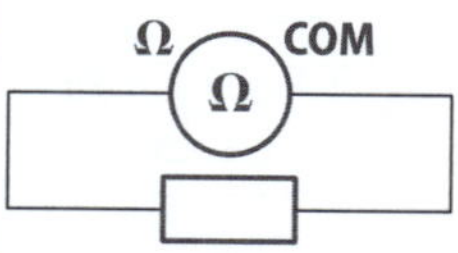

Le mode voltmètre

Voltmètre en continu pour mesurer une tension **tension** électrique ***U***

- Branchement en dérivation
- Borne **V** reliée à la borne d'entrée du courant et la borne **COM** à celle de sortie

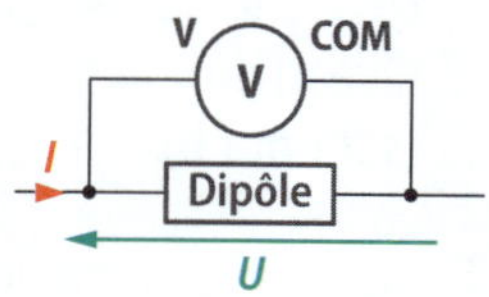

Remarque : Pour un générateur, la borne **V** du voltmètre est reliée à la borne +, et la borne **COM** à la borne –.

Le mode ampèremètre

Ampèremètre en continu pour mesurer une **intensité *I*** du courant électrique

- Branchement en série
- Borne **A** (calibre en A) ou **µA/mA** (calibres en mA ou µA) reliée à la borne d'entrée du courant et borne **COM** à celle de sortie

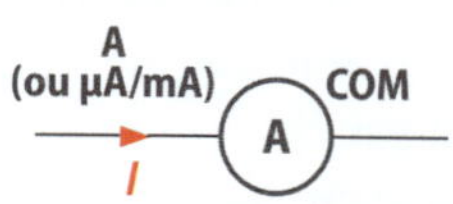

Si l'affichage de *U* ou *I* est négatif, c'est que j'ai inversé les bornes de branchement.

2. Choisir le calibre

Le calibre est la valeur maximale qui peut être mesurée.

Utiliser d'abord le plus grand calibre, puis l'adapter pour une mesure plus précise.

Je choisis le calibre immédiatement supérieur à la mesure. Si j'utilise un calibre trop petit, le chiffre 1 apparaît.

À votre tour

1. a. Indiquer, parmi les affichages ci-dessous, les éventuelles erreurs commises lors de la mesure de la tension.

001	– 01.2	1.24	01.2	1.

....

....

....

b. Associer chaque mesure réalisée sans erreur à un calibre parmi les suivants :

200 V • 20 V • 2 V • 200 mV

....

....

....

c. Indiquer dans quel ordre sélectionner ces calibres pour faire les mesures.

....

2. Un multimètre comporte les calibres suivants :

10 A • 200 mA • 20 mA • 2 mA • 200 µA

▸ Compléter le tableau en indiquant, pour chacune des mesures, le calibre le plus adapté et les bornes de branchement de l'ampèremètre.

Mesure	0,35 A	0,01 A	0,18 A	0,15 mA
Calibre le plus adapté	....	....	....	....
Bornes de branchement	....	....	....	....

3. Compléter le tableau en indiquant les mesures réalisées.

Affichage	180	4.50	33.0	1.
Calibre	200 k	20 M	200	2 k
Mesure (en Ω)	....	....	....	....

28 Évaluer une incertitude-type

La mesure de la valeur d'une grandeur physique X n'est jamais exacte.
Le résultat d'une série de mesures s'écrit : $\mathbf{X} = \bar{x} \pm U(x)$

Valeur moyenne $\bar{x}$	Incertitude-type $U(x)$
Valeur moyenne des x mesurés lors de n mesures indépendantes	liée à l'écart-type expérimental, qui caractérise la dispersion des valeurs autour de $\bar{x}$

On peut estimer avec un bon niveau de confiance que la valeur vraie est positionnée dans un encadrement, appelé **intervalle de confiance :**
$\bar{x} - U(x) \leq X \leq \bar{x} + U(x)$, qu'on peut également écrire $X \in [\bar{x} - U(x) ; \bar{x} + U(x)]$

Remarque L'incertitude-type $U(x)$ a la même unité que la valeur moyenne $\bar{x}$ et n'est généralement donnée qu'avec un seul chiffre significatif.

Doc imprimable
Modes d'emploi calculatrices
hatier-clic.fr/pc2ra3

Méthode

1. On rassemble dans un tableau les différentes valeurs des mesures réalisées et on note leur effectif, c'est-à-dire le nombre de fois que la même valeur est obtenue.
2. Calculer la valeur de la **moyenne $\bar{x}$** et de l'**écart-type expérimental, noté σ_{n-1} ou $S(\bar{x})$** .
3. Représenter l'histogramme des mesures.

Exemple

Le tableau ci-dessous rassemble les 300 mesures de la résistance d'une photorésistance à éclairage ambiant et leur effectif :

R (en kΩ)	5,031	5,040	5,049	5,062	5,070	5,081	5,089	5,100
Effectif	5	20	40	50	80	40	40	25

Valeur moyenne de la résistance : $\bar{R}$ = **5,070 kΩ**.
La calculatrice ou le tableur donne la valeur de l'écart-type expérimental : $\sigma_{n-1} = 0{,}017$.

Histogramme des mesures de la résistance

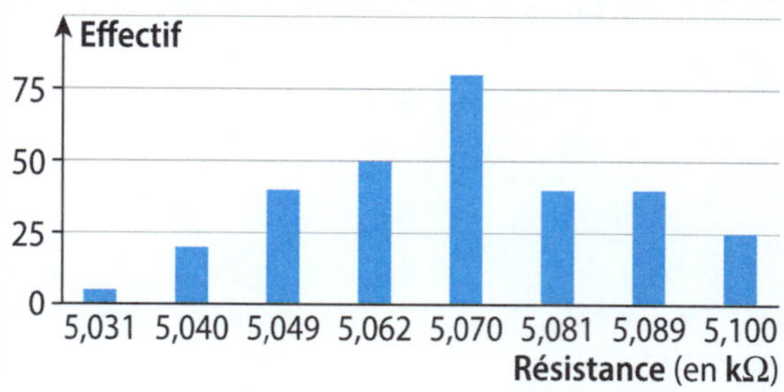

Méthode	Exemple
4. Déterminer l'incertitude-type en utilisant la relation $U(x) = \frac{\sigma_{n-1}}{\sqrt{n}}$ avec n le nombre de mesures et σ_{n-1} l'écart-type expérimental.	Le nombre de mesures réalisées est égal à $n = 300$. D'après la formule fournie, l'incertitude-type est donc : $U(R) = \frac{0{,}017}{\sqrt{300}} = 0{,}001$ kΩ.
5. Donner le résultat de la mesure sous la forme $X = \bar{x} \pm U(x)$.	Le résultat de la mesure de la résistance s'écrit alors : **R = (5,070 ± 0,001) kΩ**
6. En déduire l'intervalle de confiance dans lequel se trouverait la valeur vraie.	La valeur vraie de la résistance se trouve donc dans l'intervalle de confiance **5,069 kΩ ≤ R ≤ 5,071 kΩ.** **Ainsi R ∈ [5,069 kΩ ; 5,071 kΩ].**

À votre tour

Le tableau ci-dessous rassemble les mesures de la tension aux bornes d'un générateur et leur effectif.

U (en *V*)	4,131	4,139	4,150	4,159	4,171	4,180
Effectif	5	5	15	50	20	5

1. Calculer la valeur moyenne et l'écart-type expérimental.

....

2. Représenter ci-contre l'histogramme des mesures.

3. Déterminer l'incertitude-type $U(U)$.

....

4. Donner le résultat de la mesure.

....

5. En déduire l'intervalle de confiance.

....

29 Manipuler les chiffres significatifs

Le **nombre de chiffres significatifs** d'une valeur indique sa **précision** : plus la valeur comporte de chiffres significatifs, plus sa précision est grande.

Nombre de chiffres significatifs d'une valeur

Tous les chiffres d'un nombre sont significatifs, sauf les zéros placés à gauche du premier chiffre non nul. En revanche, les zéros écrits à la fin d'un nombre sont significatifs.

Exemple : 0,105 et $1,05 \times 10^{-1}$ comportent 3 chiffres significatifs, alors que 0,105 0 en comporte 4.

À votre tour

Déterminer le nombre de chiffres significatifs des nombres suivants.

Nombre	$5,3 \times 10^{-3}$	0,038	206	0,7	60,80	0,90	$7,40 \times 10^{5}$
Nombre de chiffres significatifs	2	2	3	1	4	2	3

Nombre de chiffres significatifs lors d'un calcul

Le résultat d'un calcul a le même nombre de chiffres significatifs que le nombre qui en comporte le moins. Cette règle s'applique au nombre de décimales pour une addition ou une soustraction. Au besoin, arrondir le résultat.

Exemple :

Nombre qui a le moins de chiffres significatifs : 2

Le résultat doit aussi avoir 2 chiffres significatifs.

$$\frac{12,77 \times 1,1}{6,42} = 2,1\cancel{88006...} = 2,2$$

On ajoute 1 à la dernière décimale car, ici, le chiffre suivant est supérieur à 5.

À votre tour

Exprimer les résultats avec le nombre correct de chiffres significatifs.

Calcul	$2,0 \times 10^{6} \times 6,95 \times 10^{-4}$	3,15 + 6,4	1,00 × 4,000	$\frac{540}{7}$
Résultat	$1,4 \times 10^{3}$	9,6	4,00	8×10^{1}

Mes notes

Activité interactive
Préfixes de nano à giga
hatier-clic.fr/pc248

30 Grandeurs, unités et conversions

Principales grandeurs et unités du Système international

Grandeur	Notation	Unité	Symbole de l'unité
Longueur	ℓ		
Temps	t		
Masse	m		
Quantité de matière	n	mole	mol
Intensité du courant électrique	I	ampère	A
Température	T	kelvin	K

Certaines grandeurs issues des grandeurs de base possèdent des **unités dérivées** de celles du Système international.

Remarque Dans certains cas, on n'utilise pas les unités du Système international mais des unités dites usuelles : en chimie, la masse s'exprime plutôt en grammes (g) et le volume en litres (L).

À votre tour

Déterminer l'unité des grandeurs suivantes.

a. Vitesse v : .... b. Concentration en masse C_m : ....

Multiples et sous-multiples

Préfixe	nano	micro	milli	centi	déci	déca	hecto	kilo	méga	giga
Symbole	n	µ	m	c	d	da	h	k	M	G
10^n	10^{-9}	10^{-6}	10^{-3}	10^{-2}	10^{-1}	10^{1}	10^{2}	10^{3}	10^{6}	10^{9}

À votre tour

Écrire les nombres suivants soit dans l'unité du Système international, à l'aide des puissances de 10, soit avec un multiple ou un sous-multiple de l'unité.

a. 5 µm = ... b. 5×10^{-2} L = ...

c. 64 Mo = ... d. $1,5 \times 10^{-3}$ s = ...

Conversions

Afin de convertir des unités de base, on peut utiliser un tableau commun à toutes les unités, chacune des colonnes étant relative à un multiple ou sous-multiple.

- **Unités de longueur**

km	hm	dam	m	dm	cm	mm

Méthode

1. Placer le chiffre des unités dans la colonne de l'unité initiale.
2. Positionner les autres chiffres.
3. Compléter avec des zéros et/ou déplacer la virgule jusqu'à la colonne de l'unité souhaitée.
4. Lire la valeur dans la nouvelle unité.

Exemple

Pour convertir 15,5 cm en m :

1. ▶

m	dm	cm	mm
		5	

2. ▶

m	dm	cm	mm
	1	5	5

3. ▶

m	dm	cm	mm
0,	1	5	5

4. ▶ 15,5 cm = 0,155 m

- **Unités de surface** *Exemple :* 15 cm² = 1 500 mm²

km²		hm²		dam²		m²		dm²		cm²		mm²	
										1	5	0	0

2 colonnes

- **Unités de volume** *Exemple :* 1,5 dm³ = 1 500 cm³ = 1,5 L = 1 500 mL

km³			hm³			dam³			m³			dm³			cm³			mm³	
											kL	hL	daL	L	dL	cL	mL		
														1	5	0	0		

3 colonnes

À votre tour

Effectuer les conversions suivantes.

a. 0,75 cm = ... mm

b. 75 mmol = ... mol

c. 55 km = ... m

d. 130 ms = ... s

e. 45 cm² = ... m²

f. 4,5 dm³ = ... L = ... m³

31 Puissances de 10 : notation scientifique et ordre de grandeur

Passer de l'écriture décimale aux puissances de 10

n est un nombre entier naturel.

Rappel Les nombres entiers naturels sont les nombres entiers positifs.

$$10^{n} = \underbrace{10 \times 10 \times 10 \times 10...}_{n \text{ facteurs}} = 1\underbrace{000....0}_{n \text{ zéros après } 1}$$

$$10^{-n} = \underbrace{0,00....}_{n \text{ zéros avant } 1}1$$

Remarque Le chiffre 1 correspond à la puissance 10^0.

À votre tour

Compléter l'égalité avec l'écriture décimale ou la puissance de 10 correspondante.

a. $10^5 =$ ....

b. $10^{-4} =$ ....

c. 1 000 000 = ...

d. 0,000 001 = ...

Activité interactive
Calculer avec des puissances de 10
hatier-clic.fr/pc250

Calculs avec des puissances de 10

n et *m* sont des nombres entiers relatifs.

Rappel Les nombres relatifs sont des nombres positifs ou négatifs.

Méthodes	Exemples
$10^n \times 10^m = 10^{n+m}$	$10^2 \times 10^{-3} = 10^{2+(-3)} = 10^{-1}$
$\dfrac{10^n}{10^m} = 10^{n-m}$	$\dfrac{10^8}{10^{-6}} = 10^{8-(-6)} = 10^{14}$
$(10^n)^m = 10^{n \times m}$	$(10^{-2})^5 = 10^{-2 \times 5} = 10^{-10}$

À votre tour

Effectuer les calculs suivants.

a. $10^5 \times 10^{-4} =$ ....

b. $\dfrac{10^{-5}}{10^7} =$ ....

c. $(10^4)^2 =$ ....

Activité interactive
Notation scientifique et ordre de grandeur
hatier-clic.fr/pc251

Notation scientifique

$$a \times 10^n$$

avec a un nombre décimal tel que $1 \leqslant a < 10$ et n un nombre entier relatif.

Exemple : 32 nm = 32×10^{-9} m = $3{,}2 \times 10^1 \times 10^{-9}$ = $3{,}2 \times 10^{-8}$ m

À votre tour

Écrire les nombres suivants en notation scientifique.

a. Durée mise par la lumière dans le vide pour parcourir 1 m :
3,3 ns = ... s

b. Diamètre d'une cellule :
60 µm = ... m

c. Masse d'un téléphone portable :
150 g = ... kg

d. Rayon de la Terre :
$6{,}4 \times 10^3$ km = ... m

Ordre de grandeur

Méthode

L'ordre de grandeur est la puissance de 10 la plus proche de la valeur étudiée en notation scientifique $a \times 10^n$:

- si $a < 5$, ordre de grandeur : 10^n ;
- si $a \geqslant 5$, ordre de grandeur : 10^{n+1}.

Exemple

Le rayon d'un atome de béryllium est $1{,}1 \times 10^{-10}$ m.

$a = 1{,}1 < 5$

L'ordre de grandeur du rayon est donc 10^{-10} m.

À votre tour

Donner l'ordre de grandeur des quatre nombres donnés en notation scientifique dans l'exercice précédent.

a. 
Durée :
.... s

b. 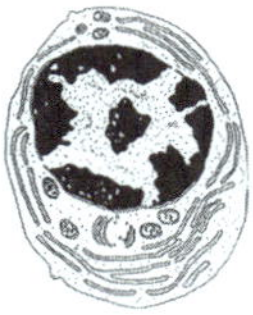
Diamètre :
.... m

c. 
Masse :
.... kg

d. 
Rayon :
.... m

Tuto Maths
Manipuler une expression littérale
hatier-clic.fr/pc252

32 Manipuler une expression littérale

Une expression littérale est une expression comportant des nombres et des lettres (représentant des grandeurs). Lors de la rédaction d'une réponse, l'expression littérale de la grandeur cherchée doit être établie.

Expression littérale connue de la forme $a = b \times c$

1 Je connais *a* et *c* ; je cherche *b*

Je divise chaque membre de l'égalité par la même grandeur, ici *c* ($c \neq 0$) :

$$\frac{a}{c} = \frac{b \times c}{c}$$

Je simplifie par *c* : $\frac{a}{c} = \frac{b \times \cancel{c}}{\cancel{c}}$

Donc $b = \frac{a}{c}$.

2 Je connais *a* et *b* ; je cherche *c*

Je divise chaque membre de l'égalité par la même grandeur, ici *b* ($b \neq 0$) :

$$\frac{a}{b} = \frac{b \times c}{b}$$

Je simplifie par *b* : $\frac{a}{b} = \frac{\cancel{b} \times c}{\cancel{b}}$

Donc $c = \frac{a}{b}$.

Expression littérale connue de la forme $a = \frac{b}{c}$

1 Je connais *a* et *c* ; je cherche *b*

J'utilise l'égalité des produits en croix :

$$\frac{a}{1} = \frac{b}{c}$$

soit $b \times 1 = a \times c$. **Donc $b = a \times c$.**

2 Je connais *a* et *b* ; je cherche *c*

J'utilise l'égalité des produits en croix :

$$\frac{a}{1} = \frac{b}{c}$$

soit $b \times 1 = a \times c$. Donc $b = a \times c$.
Je divise ensuite chaque membre par la même grandeur, ici *a* ($a \neq 0$), et je simplifie par *a* :

$$\frac{b}{a} = \frac{\cancel{a} \times c}{\cancel{a}}$$

Donc $c = \frac{b}{a}$.

Méthode du triangle

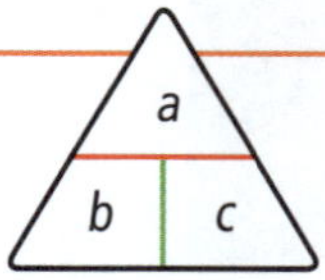

Dans le triangle :
- la barre horizontale représente la barre de fraction ;
- la barre verticale représente le signe ×.

Je « cache » la grandeur cherchée : la relation permettant de la trouver apparaît alors simplement.

Animation
v, *d* et *t* (méthode du triangle)
hatier-clic.fr/pce010

À votre tour

1. Pour chaque formule du cours proposée, donner l'expression littérale permettant d'obtenir la grandeur cherchée.

Formule du cours	Je connais	Je cherche	Expression littérale pour trouver la grandeur cherchée
$v = \frac{d}{\Delta t}$	d et v	Δt	
$P = m \times g$	P et g	m	
$C_m = \frac{m}{V}$	C_m et V	m	
$m = \rho \times V$	m et V	ρ	
$U = R \times I$	U et I	R	

2. Lors d'une dilution, la concentration en masse C_{m_0} de soluté dans la solution mère, le volume V_0 de solution mère, la concentration en masse C_{m_1} de soluté dans la solution fille et le volume V_1 de solution fille sont liés par la relation :

$$C_{m_0} \times V_0 = C_{m_1} \times V_1$$

▸ Donner l'expression littérale qui permet d'obtenir la grandeur cherchée.

a. C_{m_0} = ……………… b. C_{m_1} = ……………… c. V_0 = ……………… d. V_1 = ………………

3. On considère deux corps A et B séparés d'une distance d. La valeur de la force d'interaction gravitationnelle exercée par le corps A (de masse m_A) sur le corps B (de masse m_B) est :

$$F_{A/B} = G \times \frac{m_A \times m_B}{d^2}$$

▸ Donner l'expression littérale de la masse m_A du corps A.

……………………………………………………………………………………………………

Tuto Maths
Tracer un graphique
hatier-clic.fr/pc254

33 Tracer un graphique

Pour exploiter des résultats expérimentaux, on peut représenter l'**évolution d'une grandeur (en ordonnées) en fonction d'une autre (en abscisses)**.

Méthode

Au crayon à papier, après avoir orienté la feuille pour obtenir un graphique clair et lisible :

① Tracer, à la règle, les deux axes perpendiculaires orientés.

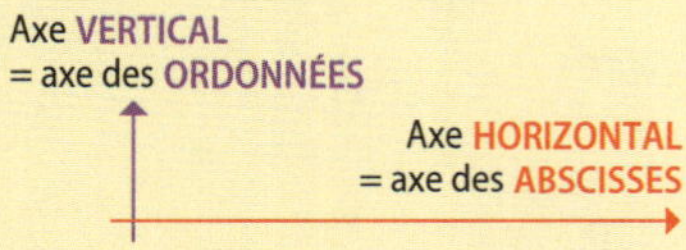

② Indiquer à l'extrémité de chaque axe la **grandeur** et l'unité.

③ Graduer régulièrement les axes en définissant une échelle pour que toutes les valeurs s'étalent au maximum dans la zone du graphique.

④ Placer les points en les représentant par des + .

⑤ Tracer la courbe à main levée en passant le plus près possible de tous les points (la courbe doit être lissée).

⑥ Donner un titre au graphique.

Exemple

⑥ **Évolution de la tension en fonction du temps**

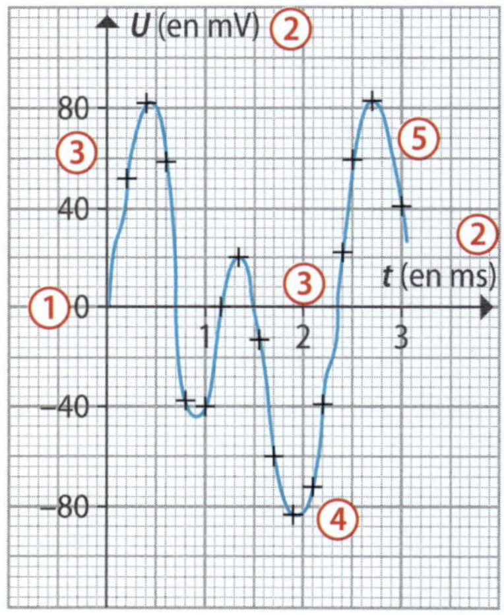

Remarque Si les points semblent former une droite, tracer à la règle une droite « moyenne ».

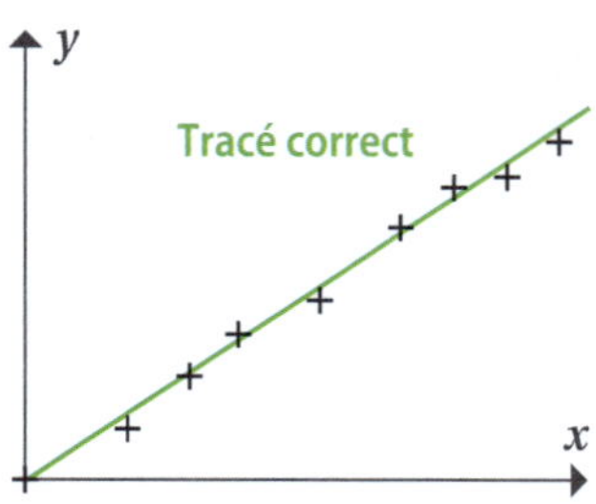

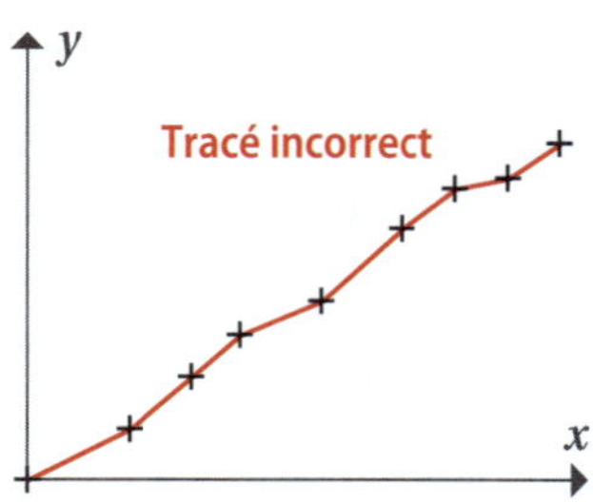

À votre tour

Tracer l'évolution de la distance parcourue par le son dans l'air en fonction de la durée de propagation.

Distance d ($\times 10^3$ m)	0	1,0	2,0	3,0	4,0
Durée Δt de propagation (en s)	0	2,8	5,9	9,0	11,8

Titre : ....

Échelles :

– horizontale : ....

– verticale : ....

Tuto Maths
Calculer un coefficient directeur
hatier-clic.fr/pc256

34 Déterminer l'équation d'une droite

Certaines séries de mesures peuvent être modélisées par une droite, dont l'équation donne la relation mathématique qui lie les deux grandeurs mesurées.

Droite passant par l'origine

Méthode

Une **fonction linéaire** est représentée par une droite passant par l'origine, d'équation $y = ax$.

a est le coefficient directeur.

- Calculer le coefficient directeur a à partir des coordonnées de deux points A et B de la droite : $a = \frac{y_B - y_A}{x_B - x_A}$

⚠ Ne pas oublier de préciser l'unité de a.

Exemple

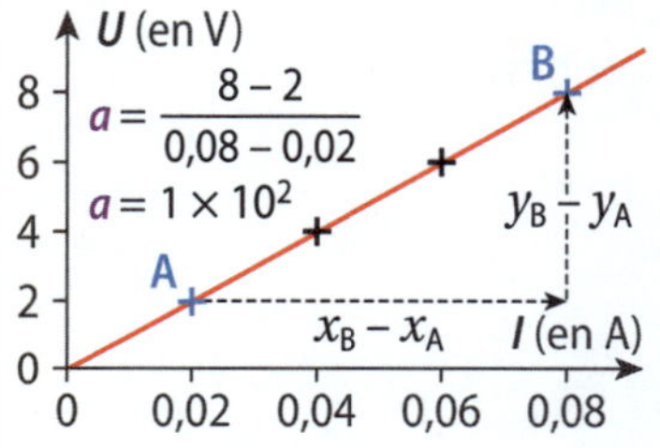

$a = 1 \times 10^2\ V{\cdot}A^{-1} = 1 \times 10^2\ \Omega$

Droite ne passant pas par l'origine

Une **fonction affine** est représentée par une droite ne passant pas par l'origine, d'équation $y = ax + b$.

b est l'ordonnée à l'origine.

- Calculer le coefficient directeur a.
- Lire l'ordonnée à l'origine b à l'intersection de la droite avec l'axe des ordonnées.

⚠ Ne pas oublier de préciser l'unité de a et de b.

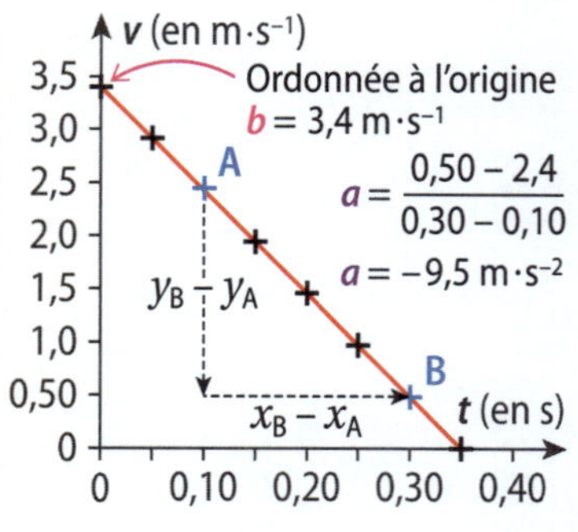

$v = -9,5 \times t + 3,4$

À votre tour

Déterminer l'équation de la droite ci-contre.

....

....

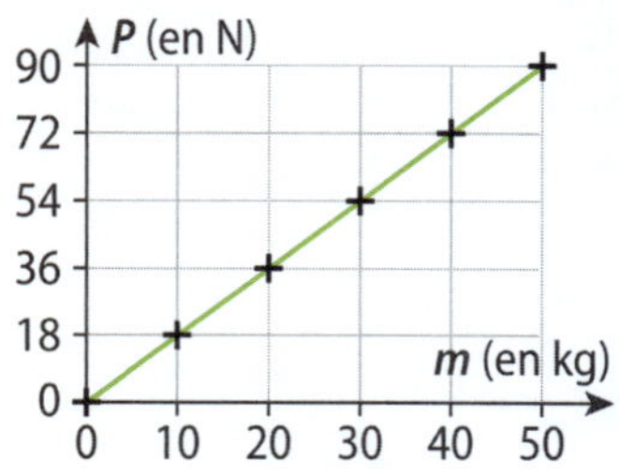

35 Exploiter une modélisation par régression linéaire

Un tableur permet de modéliser des données, c'est-à-dire de les représenter par un modèle qui est ici une fonction mathématique. Lorsque celle-ci est une fonction affine, on parle de **régression linéaire**.

Coefficient de détermination (R^2)

Compris entre 0 et 1, R^2 indique si la droite de régression modélise correctement l'évolution des données : plus les points sont rassemblés autour de la droite, plus R^2 est proche de 1 et plus la modélisation est correcte.

Droite de régression **incorrecte**

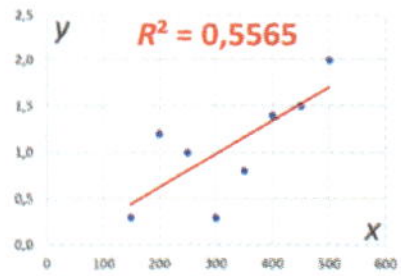

Droite de régression **correcte**

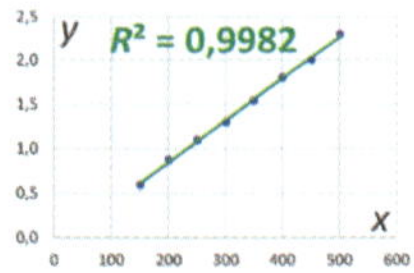

Équation de la droite de régression $y = ax + b$

Méthode

1. Identifier les grandeurs physiques qui correspondent à y et x.
2. Relever les valeurs de a et de b en indiquant leurs unités.
3. En déduire l'équation de la droite.

Cas particulier : si b est proche de 0 ou si $b = 0$, alors la droite passe par l'origine.

Exemple

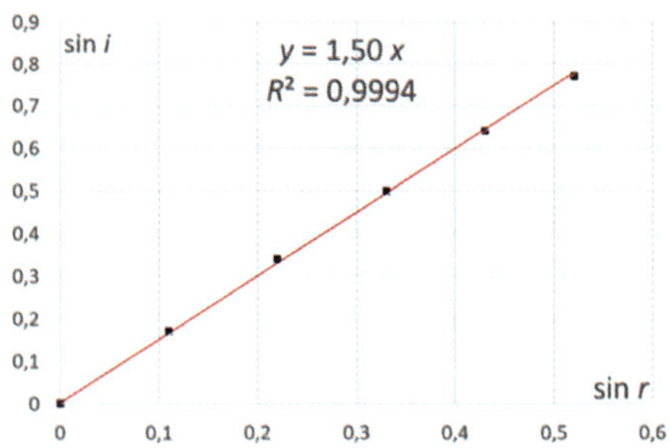

sin i correspond à y ; sin r correspond à x.

$a = 1,50$

donc sin i = 1,50 × sin r

À votre tour

1. Discuter de la validité de la modélisation ci-contre.

....

2. Déterminer l'équation de la droite de régression.

....

....

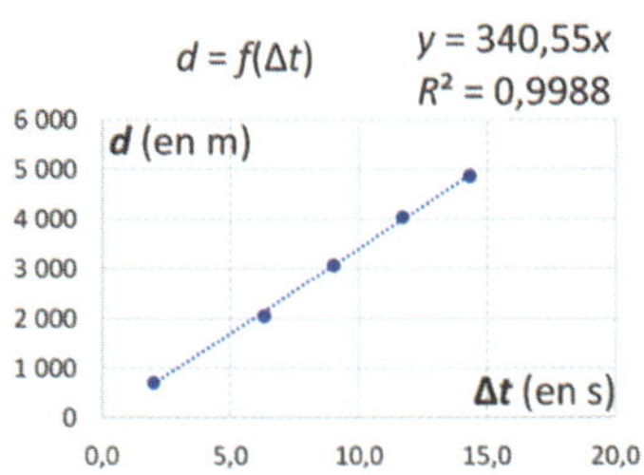

36 Utiliser le langage de programmation Python

Complément
Fiche détaillée et fichiers Python
hatier-clic.fr/pc256a

Importer une bibliothèque

Le langage de programmation Python peut être enrichi de modules appelés bibliothèques.

Méthode

Pour importer une bibliothèque :

- Indiquer, généralement au début du script, l'instruction « `import` bibliothèque `as` alias ».
- Indiquer l'alias avant chaque fonction pour l'extraire de la bibliothèque dont elle est issue.

Exemples

```
import numpy as np

import matplotlib.pyplot as plt

import scipy.stats as sc
```

Représenter un nuage de points

Méthode

- Importer les bibliothèques nécessaires.
- Utiliser l'instruction `np.array()` pour créer des lignes de tableaux contenant les coordonnées des points.
- Utiliser l'instruction `plt.plot` pour tracer un graphique. On y définit les couples de coordonnées, en précisant les grandeurs en abscisses et en ordonnées, ainsi que la forme et la couleur des points.
- Définir les grandeurs et les unités sur les axes puis le titre du graphique grâce aux instructions `plt.xlabel()`, `plt.ylabel()`, et `plt.title()`.
- Faire apparaître le graphique grâce à l'instruction `plt.show()`.

Exemple

```
import numpy as np
import matplotlib.pyplot as plt
import scipy.stats as sc
I=np.array([0, 0.021, 0.039, 0.063])
U=np.array([0, 0.54, 1.08, 1.62])
plt.plot(I,U,'+',color='blue')
plt.xlabel("I (en A)")
plt.ylabel("U (en V)")
plt.title("U = f(I)")
plt.grid()
plt.show()
```

Modéliser un graphique

Méthode

- Utiliser les instructions pour représenter un nuage de points.
- Utiliser l'instruction `sc.linregress()` pour effectuer une régression linéaire.
- `coefficient=droite.slope` attribue à la variable « coefficient » le coefficient directeur de la droite.
  `oorigine=droite.intercept` attribue à la variable « oorigine » l'ordonnée à l'origine.
- `print()` affiche la valeur de la variable indiquée entre ().
- Calculer les images partir de l'équation de régression et tracer le graphique.

Exemple

```
droite=sc.linregress(I,U)
coefficient=droite.slope
print("coefficient directeur:",
 coefficient)
oorigine=droite.intercept
print("ordonnée à l'origine:",
 oorigine)
Umodele=coefficient*I+oorigine
plt.plot(I,Umodele,color='red')
```

Tracer des vecteurs

Méthode

- Utiliser les instructions pour représenter un nuage de points.
- Utiliser la boucle « `for… in` » pour répéter l'instruction qui suit un certain nombre de fois.
- quiver(x_M, y_M, vx, vy) permet de tracer un vecteur $\vec{v}$ dont l'origine est M(x_M ; y_M) et dont les coordonnées sont $\begin{pmatrix} v_x \\ v_y \end{pmatrix}$.
  Les instructions permettent la mise en forme du vecteur : sa couleur (ici rouge) et le repère dans lequel on va tracer le vecteur.

Exemple

```
import numpy as np
import matplotlib.pyplot as plt
x=np.array([0,0,0,0])
y=np.array([1.698,1.691,1.674,1.643])
plt.plot(x,y,'o',markersize=4)
N=4
Dt=0.035
for k in range(0, N-1) :
    vy=(y[k+1]-y[k])/Dt
    echelle=0.02
    vy=vy*echelle
    plt.quiver(x[k],y[k], 0, vy,
    color='red', scale=1,scale_units='xy')
plt.xlabel("x (en m)")
plt.ylabel("y (en m)")
plt.title("Chronophotographie")
plt.show()
```

37 Utiliser la proportionnalité

Une échelle est le coefficient de proportionnalité entre les grandeurs réelles et les dimensions sur un schéma.

Deux **grandeurs** sont **proportionnelles** si on peut calculer les valeurs de l'une en multipliant les valeurs de l'autre par un même nombre. Ce nombre est le **coefficient de proportionnalité**.

Calculer une grandeur proportionnelle

Méthode

On peut représenter deux valeurs de grandeurs proportionnelles dans un **tableau de proportionnalité**.

$\times \frac{a}{b}$ (de la ligne du bas vers celle du haut) ; $\times \frac{b}{a}$ (de la ligne du haut vers celle du bas)

a	c
b	d

Ce tableau peut être utilisé pour calculer une quatrième proportionnelle à partir de l'égalité des produits en croix :

$$a \times d = b \times c \text{ donc } d = \frac{b \times c}{a}$$

Exemple

La quantité de matière n et le nombre N de molécules d'eau dans un échantillon sont liés par une relation de proportionnalité :

1 mol	n mol
$6{,}02 \times 10^{23}$ molécules	N molécules

$\times 6{,}02 \times 10^{23}$

On peut calculer la quantité de matière n à partir de l'égalité des produits en croix :

$$6{,}02 \times 10^{23} \times n = 1 \times N \quad \text{donc :}$$

$$n = \frac{N}{6{,}02 \times 10^{23}}$$

À votre tour

➔ Fiche 49

1. Calculer le nombre de molécules dans une masse $m = 1{,}0$ g de paracétamol.

Donnée : Masse d'une molécule : $m_{\text{paracétamol}} = 2{,}52 \times 10^{-25}$ kg

....

2. Calculer le nombre d'atomes dans une quantité de matière $n = 2{,}0$ mol de carbone.

....

Exploiter une représentation graphique

➔ Fiches 34 et 35

Une situation de proportionnalité peut être modélisée par une **fonction linéaire** dont la représentation graphique est une **droite passant par l'origine**. Le **coefficient de proportionnalité** est égal au **coefficient directeur** de la droite.

Utiliser des pourcentages

Tuto Maths
Utiliser des pourcentages
hatier-clic.fr/pc259

Définition

Un **pourcentage** correspond à la **part** ou la **proportion** d'une quantité sur un **total de 100**.

Un pourcentage peut s'écrire comme une fraction dont le dénominateur est égal à 100.

Un pourcentage représente aussi le **coefficient de proportionnalité** entre deux nombres.

Exemple

Le pourcentage de dioxygène dans l'air est d'environ 20 % = $\frac{20}{100}$.

Sur 100 L d'air, la part de dioxygène est égale à 20 L.

Volume de l'air (en L)	100	50	200
Volume de dioxygène (en L)	20	10	40

$\times \frac{20}{100}$

À votre tour

Le pourcentage massique d'or pur dans l'or 18 carats est égal à 75 %.

▸ Compléter le tableau suivant.

Masse d'or 18 carats (en g)	100		500
Masse d'or pur (en g)		1,5	

× ....

Calculer des pourcentages

Définition

Calculer le pourcentage p % d'un nombre, c'est **multiplier** ce nombre par $\frac{p}{100}$.

Exemple

Un produit phytosanitaire luttant contre la chlorose des végétaux contient 5,0 % en masse de fer (Fe). La masse de fer dans 1,0 L de solution de masse $m = 1\,000$ g est :

$$m(\text{Fe}) = \frac{P(\text{Fe})}{100} \times m \quad \text{soit } m(\text{Fe}) = 50 \text{ g.}$$

À votre tour

Le pourcentage massique de cuivre Cu dans une pièce de 10 centimes d'euros de masse $m = 4{,}14$ g est 89 %.

▸ Calculer la masse de cuivre dans la pièce.

....

38 Utiliser les relations dans un triangle

Angles et longueurs dans un triangle rectangle

Dans un triangle rectangle, les relations trigonométriques – sinus, cosinus et tangente – font intervenir un angle aigu et les longueurs des côtés.

Astuce

SOH Sinus : Opposé sur Hypoténuse

CAH Cosinus : Adjacent sur Hypoténuse

TOA Tangente : Opposé sur Adjacent

$$\sin \hat{K} = \frac{\text{côté opposé}}{\text{hypoténuse}}$$

$$\cos \hat{K} = \frac{\text{côté adjacent}}{\text{hypoténuse}}$$

$$\tan \hat{K} = \frac{\text{côté opposé}}{\text{coté adjacent}}$$

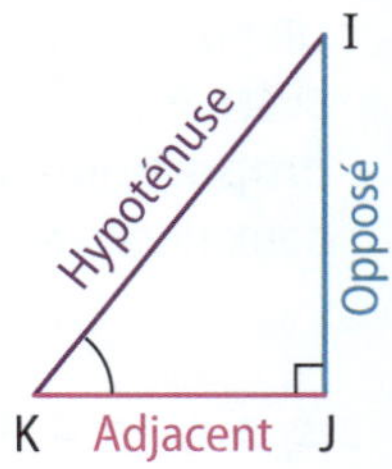

À votre tour

Une épave se trouve à une profondeur $h = 37{,}5$ m.

1. Donner l'expression littérale qui permet de déterminer la distance d entre l'épave et le bateau.

....

2. Calculer la distance d. ....

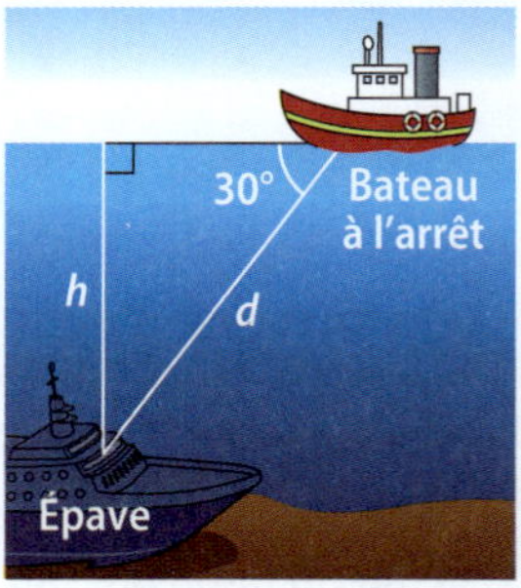

En physique, les angles sont généralement exprimés en degrés. Il faut donc paramétrer la calculatrice pour calculer un sinus, un cosinus ou une tangente.

À votre tour

La loi de Snell-Descartes relative à la réfraction est : $n_1 \times \sin i = n_2 \times \sin r$.

▸ Compléter le tableau suivant.

n_1	n_2	i (en °)	$\sin i$	$\sin r$	r (en °)
1,5	1,0		0,26		
1,0	2,4				12

Doc imprimable
Modes d'emploi calculatrices
hatier-clic.fr/pc2ra3

Longueurs dans des triangles semblables

Les côtés de deux triangles semblables ADE et ABC ont des longueurs proportionnelles.

Théorème de Thalès
Si les droites (AB) et (AC) sont sécantes en A et les droites (BC) et (DE) sont parallèles, alors :

$$\frac{AB}{AD} = \frac{AC}{AE} = \frac{BC}{DE}$$

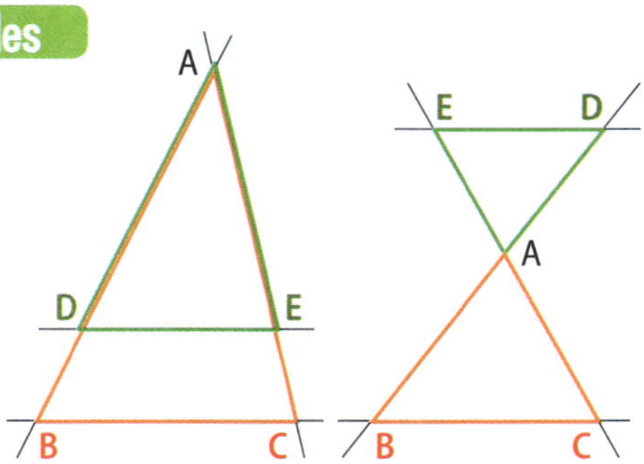

Les triangles ABC et ADE sont semblables.

À votre tour

Un objet plan AB est placé perpendiculairement à l'axe optique à gauche d'une lentille mince convergente. Son image A'B' est située à droite de la lentille comme schématisé ci-dessous.

➔ Fiche 54

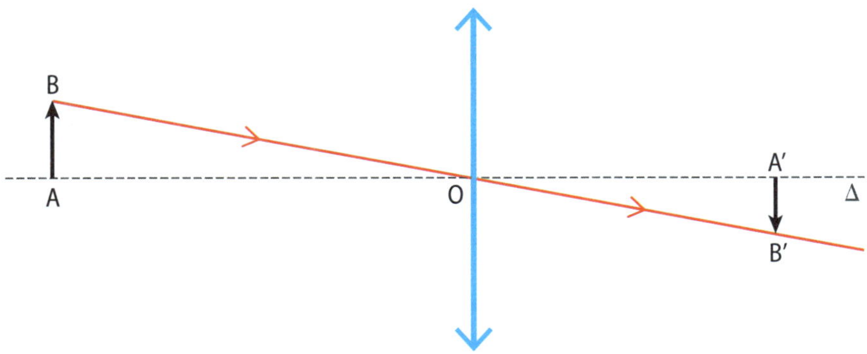

1. Écrire la relation entre les longueurs OA, OA', AB et A'B'.

....

....

2. Compléter le tableau suivant.

OA (en cm)	OA' (en cm)	AB (en cm)	AB' (en cm)
6,0	3,0	2,0	
12		4,0	3,0
5,0	10		4,0
	3,5	5,0	7,0

Tuto Maths
Utiliser les vecteurs
hatier-clic.fr/pc262

39 Utiliser les vecteurs

Caractéristiques d'un vecteur

➲ Fiches 10 et 11

Un vecteur est un objet mathématique introduit en physique pour modéliser des grandeurs comme la vitesse et les forces.

Ses caractéristiques sont :

- **sa direction** : horizontale, verticale, etc. ;
- **son sens** : de gauche à droite, de haut en bas, etc. ;
- **sa norme** : proportionnelle à la valeur de la grandeur selon l'échelle choisie.

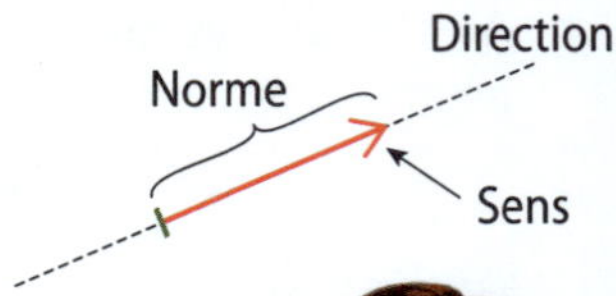

À votre tour

Donner les caractéristiques des vecteurs représentés.

Modélisation de la situation	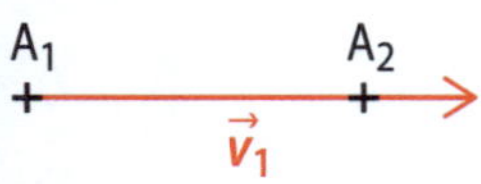	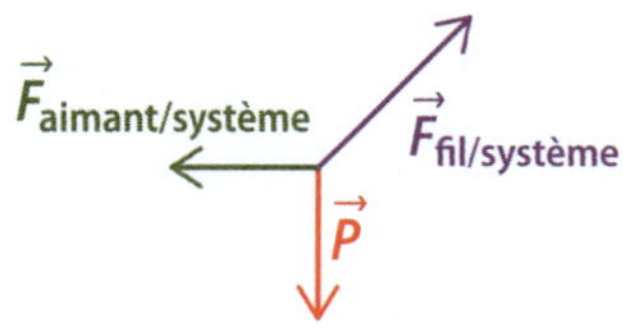		
Vecteur	$\vec{v}_1$	$\vec{F}_{aimant/système}$	$\vec{P}$	$\vec{F}_{fil/système}$
Direction				
Sens				
Norme	• Valeur de la vitesse : 4,5 $m \cdot s^{-1}$ • Échelle : 1,0 cm ⟷ 1,5 $m \cdot s^{-1}$ • Norme du vecteur : …………	• Valeur de la force : 2,0 N • Échelle : ………… • Norme du vecteur : 1,0 cm	• Valeur de la force : 2,0 N • Échelle : 1,0 cm ⟷ 2,0 N • Norme du vecteur : …………	• Valeur de la force : ………… • Échelle : 1,0 cm ⟷ 2,0 N • Norme du vecteur : 1,4 cm

Somme de vecteurs

Méthode

- La somme de deux vecteurs $\overrightarrow{AB}$ et $\overrightarrow{CD}$ est un vecteur qui résulte de l'enchaînement des translations de vecteur $\overrightarrow{AB}$ et de vecteur $\overrightarrow{CD}$.

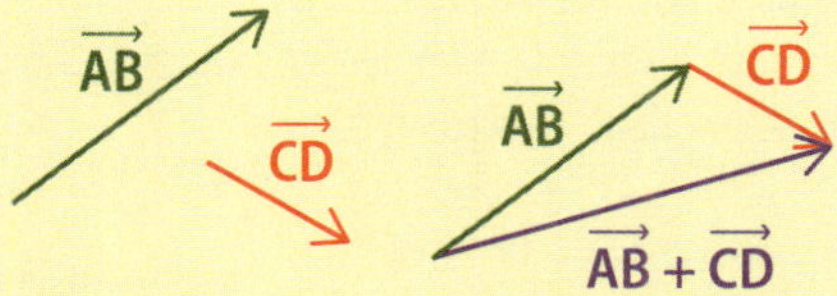

- La somme de deux vecteurs opposés $\overrightarrow{AB}$ et $\overrightarrow{BA}$ est nulle ($\overrightarrow{AB} + \overrightarrow{BA} = \vec{0}$) : ils ont la même direction, la même norme mais des sens contraires.

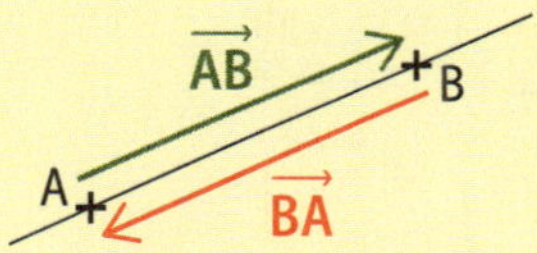

Exemple

La somme des trois vecteurs force ci-contre peut se décomposer en deux sommes de deux vecteurs.

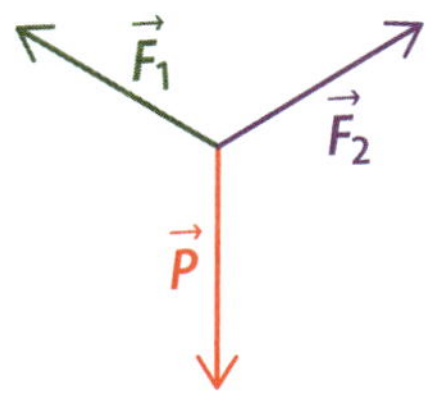

❶ On fait la somme des vecteurs $\vec{F_1}$ et $\vec{P}$.

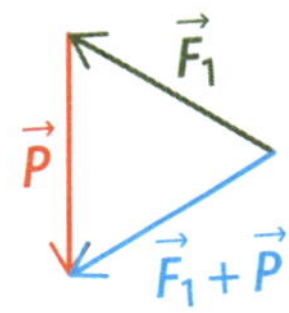

❷ On fait la somme du vecteur obtenu avec le vecteur $\vec{F_2}$.

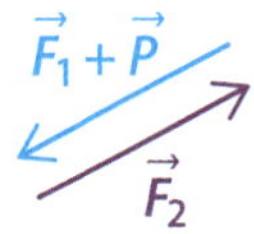

La somme de ces deux vecteurs est nulle : ces vecteurs sont opposés.

➔ Fiche 52

À votre tour

Le principe d'inertie indique qu'un système est immobile ou en mouvement rectiligne uniforme s'il est soumis à des forces qui se compensent et réciproquement.

Un ballon de football immobile sur le terrain est soumis à son poids $\vec{P}$, de valeur $P = 4{,}0$ N, et à la force $\vec{F}_{\text{terrain/ballon}}$.

On modélise le ballon par le point G.

G ×

1. Représenter les deux forces auxquelles est soumis le ballon.
2. Faire la somme de ces deux vecteurs. Conclure.

Échelle : 1,0 cm ⟷ 2,0 N

....

....

....

....

40 Rédiger un compte rendu de TP

Méthode | **Exemple**

1. Reformuler l'objectif et résumer en quelques lignes la démarche adoptée pour y répondre.
Il ne s'agit pas de recopier l'énoncé.

▸ Il s'agit d'identifier parmi deux solutions celle qui a été prescrite dans le cadre d'une cure d'ampoules de magnésium.
Pour cela, il faut tester la présence de l'ion magnésium dans chaque solution.

2. Rédiger un protocole et le mettre en œuvre expérimentalement.
Je décris ***ce que je vais faire*** en précisant le matériel utilisé et les éventuelles précautions d'emploi, les grandeurs mesurées, etc.

▸ - Verser 2 mL de chaque solution à tester dans deux tubes à essais.
- Ajouter, dans chaque tube, avec une pipette, quelques gouttes de solution aqueuse d'hydroxyde de sodium.

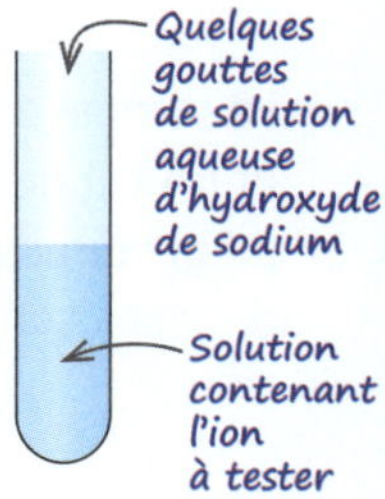

3. Observer et présenter les résultats expérimentaux.
Je décris ***ce que je vois*** en utilisant les représentations conventionnelles des appareils et de la verrerie.
➔ Fiche 20

Je présente les résultats dans un tableau et/ou un graphique.

▸ Résultats :

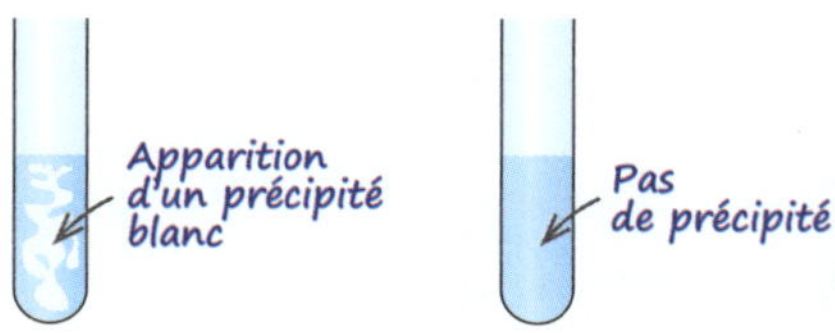

Solution 1 | Solution 2

4. Interpréter les résultats.
J'explique ***ce que je comprends*** à partir de *ce que je sais* et de *ce que je vois*.

▸ Or je sais que si un précipité blanc apparaît, alors le test est positif.

5. Conclure sur l'expérience réalisée.
Je présente ***ce que je déduis*** de mon interprétation.

▸ Donc je peux en déduire que des ions magnésium sont présents dans la solution 1.

6. Rédiger une conclusion générale.
Je réponds à l'objectif.
Je pose un regard critique sur les résultats et je propose éventuellement des pistes d'amélioration.

▸ La solution 1 qui contient des ions magnésium correspond au médicament prescrit.

41 Comprendre une consigne

Pour comprendre une consigne, il faut :
- la lire entièrement et plusieurs fois si nécessaire ;
- connaître la signification du **verbe d'action** afin de savoir précisément ce qui doit être fait.

Consignes générales

- **Calculer :** effectuer une ou des opérations mathématiques afin d'obtenir une valeur numérique.
- **Comparer :** donner des points communs et des différences entre au moins deux éléments (notions, observations, résultats). Pour comparer deux données chiffrées, faire un rapport de l'une par l'autre et indiquer quelle est la plus grande ou si elles sont égales.
- **Décrire :** indiquer, en détaillant, ce qui est observé.
- **Déduire** (en déduire) **:** utiliser un résultat trouvé auparavant afin d'obtenir un nouveau résultat ou de formuler une nouvelle idée.
- **Définir :** donner le sens d'un mot ou d'un phénomène en utilisant le vocabulaire scientifique adéquat.
- **Déterminer :** trouver l'expression littérale ou la valeur numérique d'une grandeur physique.
- **Déterminer graphiquement :** lire une valeur sur un graphique ou un schéma.
- **Estimer :** calculer ou mesurer une valeur approchée ou un ordre de grandeur.
- **Établir l'expression :** relier plusieurs expressions pour obtenir celle voulue.
- **Expliquer :** faire comprendre un raisonnement (ou une idée) en en développant les étapes (ou arguments).
- **Exprimer :** écrire une expression littérale à partir des relations connues, d'un graphique, etc.
- **Interpréter :** donner du sens à une observation ou un résultat.
- **Modéliser :** réaliser ou utiliser un modèle (relation mathématique, graphique, schéma, etc.) pour interpréter des résultats expérimentaux.
- **Montrer :** utiliser une ou des connaissances ou données pour retrouver l'élément énoncé dans la question.

Consignes liées à l'expérimentation

- **Mesurer :** utiliser un appareil de mesure pour obtenir la valeur d'une grandeur.
- **Proposer un protocole expérimental :** décrire précisément le matériel nécessaire et son utilisation, étape par étape, pour réaliser une expérience.
- **Proposer une démarche expérimentale :** proposer un protocole expérimental, le mettre en œuvre et exploiter les résultats.

42 Rédiger la solution d'un exercice

Rédiger la solution d'un exercice ne se limite pas seulement à donner un résultat ou la réponse en une seule phrase. Il s'agit de présenter clairement ses connaissances et son raisonnement.

Prise de connaissance de l'énoncé et des questions

Travail au brouillon

Analyser l'énoncé

- **Je lis l'énoncé** en entier (si besoin plusieurs fois).
- **Je surligne les données.**
- Si nécessaire, **je schématise** et **je légende** la situation décrite.

Comprendre les questions

- **Je lis toutes les questions.**
- **Je repère les verbes d'action** qui indiquent le travail à réaliser.

➔ Fiche 41

Chercher les réponses

- **Je cherche les connaissances** de cours **et les données** utiles dans l'énoncé.
- **J'identifie les inconnues** éventuelles.

Rédaction de la solution

Travail au propre sur la copie

Rédiger une solution argumentée

- **Je rédige des phrases courtes** et **j'utilise le vocabulaire scientifique** convenable.
- **Je détaille chaque étape du raisonnement** et j'indique les connaissances de cours utiles.
- Pour réaliser un calcul, **j'établis l'expression littérale** de la grandeur recherchée puis **j'effectue les calculs numériques après avoir fait les conversions** nécessaires.
- Je donne le résultat des calculs avec une **unité cohérente** et un **nombre correct de chiffres significatifs**.

➔ Fiches 29, 30, 31 et 32

Faire preuve d'esprit critique

- **Je vérifie** que la réponse donnée correspond bien à la question.
- Je n'hésite pas à **critiquer mon résultat** si celui-ci est invraisemblable.

43 Aborder une résolution de problème, une question ouverte

Répondre à un problème ou à une question ouverte ne se limite pas à une application directe du cours. Il s'agit de construire un raisonnement en utilisant ses connaissances et des informations extraites de documents.

Prise de connaissance du problème

Travail au brouillon

S'approprier le problème

- **Je lis** la consigne ou la question posée. ➔ Fiche 41
- **Je reformule le problème** en utilisant mes propres mots et des termes scientifiques.
- **Je prends connaissance des documents :**
  - Je lis les documents entièrement.
  - Je prends note des idées principales.

Élaborer une stratégie de résolution

- **J'identifie les notions** en lien avec le problème, les lois ou les formules, etc.
- **Je repère les informations utiles** pour la résolution, dans les documents fournis.

Mettre en œuvre la résolution

- **J'organise** les données, les formules mobilisées et les informations extraites des documents **pour établir un lien logique** entre elles.
- **J'effectue les calculs** en faisant attention aux unités et aux chiffres significatifs.

➔ Fiches 29, 30, 31 et 32

Rédaction de la démarche

Travail au propre sur la copie

Rédiger une solution argumentée

- **Je présente le problème** avec mes propres mots, sans recopier mot pour mot l'énoncé.
- **Je rédige des phrases courtes** annonçant chaque étape du raisonnement.
- **J'indique** toujours **les expressions littérales** avant d'effectuer les calculs numériques.
- **Je rédige une phrase répondant à la question posée.**

Faire preuve d'esprit critique

- **Je vérifie :**
  – que la réponse donnée correspond bien à la question ;
  – que mon résultat n'est pas invraisemblable.
- Je n'hésite pas à **critiquer mon résultat** (précision, sources d'erreurs, pistes d'amélioration, etc.).

44 Communiquer à l'oral

Tuto
Conseils et entraînement
hatier-clic.fr/pc270

La communication orale suppose avant tout de maîtriser le sujet. Pour être efficace, elle nécessite une préparation et un entraînement régulier.

Présenter un exposé

L'exposé oral doit respecter quelques règles pour susciter et retenir l'attention.

Faire face à son auditoire

- Maîtriser sa position et sa gestuelle.
- Regarder son auditoire.
- Utiliser ses notes en cas de besoin.

Se faire entendre et comprendre

- Poser sa voix, articuler et parler fort.
- Rythmer ses propos.
- Utiliser un langage soutenu et précis.

Utiliser un support visuel

- Présenter le plan de son exposé.
- Illustrer ses propos (schémas, photos, etc.).

Veiller à bien gérer son temps

- Respecter le temps imparti.

Échanger avec des interlocuteurs

Les échanges peuvent intervenir lors d'un débat ou d'un entretien à la suite d'un exposé oral. Outre se faire entendre et comprendre, il faut aussi :

Savoir écouter

- Je laisse parler mes interlocuteurs sans leur couper la parole.
- J'écoute attentivement afin d'apporter une réponse en lien avec ce qui se dit.

Savoir répondre aux questions

- Je prépare une réponse cohérente en lien avec les échanges.
- J'argumente et illustre ma réponse avec un exemple.

45 Réaliser une carte mentale

Une carte mentale est une représentation visuelle des connaissances ou idées qui suit le cheminement de notre pensée.

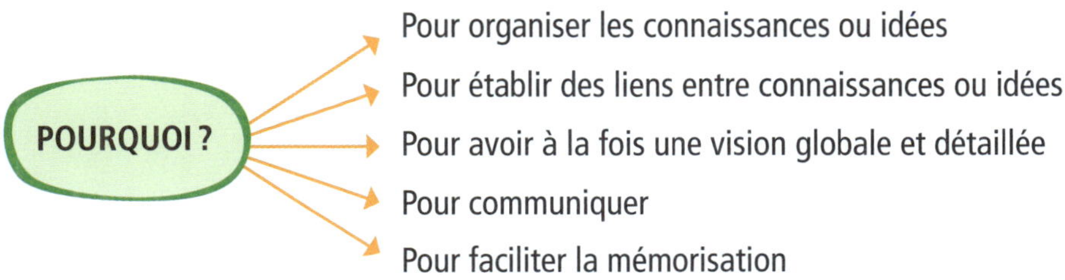

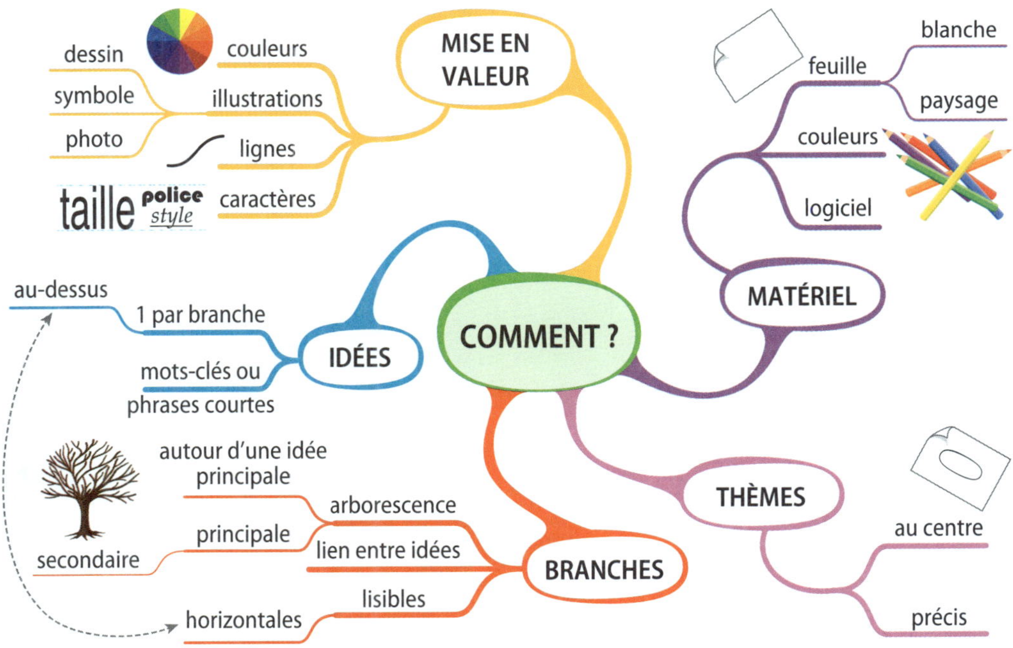

Mes notes

Partie 3

TABLEAU PÉRIODIQUE
Colonne
Période
Oxygène O 8
Nom de l'élément
Symbole
Numéro atomique
1 2 3 4 5 6 7 8 9 10 11 12 13 14 15 16 17 18
1 2 3 4 5 6 7
Hydrogène H 1
Hélium He 2
Lithium Li 3
Béryllium Be 4
Bore B 5
Carbone C 6
Azote N 7
Oxygène O 8
Fluor F 9
Néon Ne 10
Sodium Na 11
Magnésium Mg 12
Aluminium Al 13
Silicium Si 14
Phosphore P 15
Soufre S 16
Chlore Cl 17
Argon Ar 18
Potassium K 19
Calcium Ca 20
Scandium Sc 21
Titane Ti 22
Vanadium V 23
Chrome Cr 24
Manganèse Mn 25
Fer Fe 26
Cobalt Co 27
Nickel Ni 28
Cuivre Cu 29
Zinc Zn 30
Gallium Ga 31
Germanium Ge 32
Arsenic As 33
Sélénium Se 34
Brome Br 35
Krypton Kr 36
Rubidium Rb 37
Strontium Sr 38
Yttrium Y 39
Zirconium Zr 40
Niobium Nb 41
Molybdène Mo 42
Technétium Tc 43
Ruthénium Ru 44
Rhodium Rh 45
Palladium Pd 46
Argent Ag 47
Cadmium Cd 48
Indium In 49
Étain Sn 50
Antimoine Sb 51
Tellure Te 52
Iode I 53
Xénon Xe 54
Césium Cs 55
Baryum Ba 56
Lanthane La 57
Hafnium Hf 72
Tantale Ta 73
Tungstène W 74
Rhénium Re 75
Osmium Os 76
Iridium Ir 77
Platine Pt 78
Or Au 79
Mercure Hg 80
Thallium Tl 81
Plomb Pb 82
Bismuth Bi 83
Polonium Po 84
Astate At 85
Radon Rn 86
Francium Fr 87
Radium Ra 88
Actinium Ac 89
Rutherfordium Rf 104
Dubnium Db 105
Seaborgium Sg 106
Bohrium Bh 107
Hassium Hs 108
Meitnerium Mt 109
Darmstadtium Ds 110
Roentgenium Rg 111
Copernicium Cn 112
Nihonium Nh 113
Flerovium Fl 114
Moscovium Mc 115
Livermorium Lv 116
Tennessine Ts 117
Oganesson Og 118
Cérium Ce 58
Praséodyme Pr 59
Néodyme Nd 60
Prométhium Pm 61
Samarium Sm 62
Europium Eu 63
Gadolinium Gd 64
Terbium Tb 65
Dysprosium Dy 66
Holmium Ho 67
Erbium Er 68
Thulium Tm 69
Ytterbium Yb 70
Lutétium Lu 71
Thorium Th 90
Protactinium Pa 91
Uranium U 92
Neptunium Np 93
Plutonium Pu 94
Américium Am 95
Curium Cm 96
Berkélium Bk 97
Californium Cf 98
Einsteinium Es 99
Fermium Fm 100
Mendélévium Md 101
Nobélium No 102
Lawrencium Lr 103
Gaz nobles

$C_2H_6O + 3O_2 \rightarrow 2CO_2 + 3H_2O$
$KMnO_4$

Activité interactive
Concentration en masse
hatier-clic.fr/pc282a

46 Solutions aqueuses

Une solution aqueuse est un **mélange homogène** obtenu par dissolution d'un ou plusieurs **solutés** dans l'eau (**solvant**). ➔ Fiche 1 ➔ Fiche 25

Concentration en masse de soluté dans une solution

La **concentration en masse** de soluté dans une solution est la **masse de soluté dissous par litre de cette solution** :

$$C_m = \frac{m}{V}$$

Concentration en masse (en g·L^{-1}) → C_m ; m ← Masse de soluté (en g) ; V ← Volume de solution (en L)

À votre tour

Compléter le tableau.

Solution aqueuse	Acide ascorbique	Chlorure de magnésium	Glucose	Permanganate de potassium
Concentration en masse (en g·L^{-1})	2,5	1,9		1,6
Masse (en g)	0,50	0,19	15	
Volume (en L)	0,20		0,25	0,50

➔ Fiche 26

Dilution d'une solution

Lors d'une dilution, la **masse de soluté dissous se conserve**.

Remarque Facteur de dilution : $F = \frac{C_{m_0}}{C_{m_1}} = \frac{V_1}{V_0}$

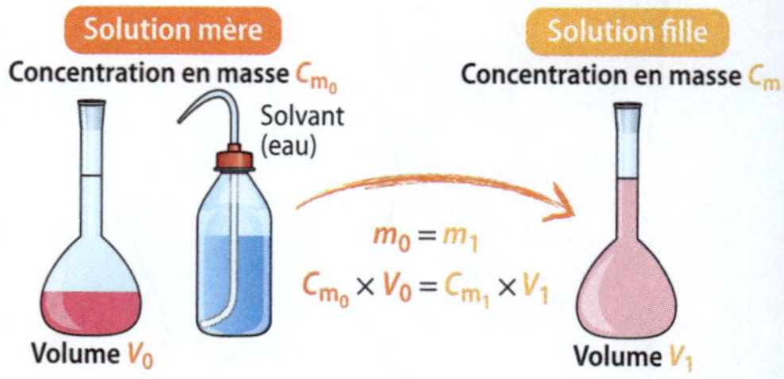

À votre tour

On dispose d'un volume V_0 = 50,0 mL d'une solution aqueuse de concentration en masse C_{m_0} = 20,0 g·L^{-1} de sulfate de cuivre. On souhaite préparer une solution fille de concentration en masse C_{m_1} = 5,00 g·L^{-1}.

▸ Calculer le volume V_1 de la solution fille.

....

....

47 Atome

➔ Fiche 3

Masse d'un atome

La masse d'un atome est pratiquement égale à celle de son noyau, qui contient A nucléons :

$$m_{atome} = A \times m_n \quad \text{avec la masse d'un nucléon } m_n = 1{,}67 \times 10^{-27}\ \text{kg}$$

À votre tour

Calculer la masse de l'atome de phosphore dont l'écriture conventionnelle du noyau est $^{31}_{15}P$.

....

Configuration électronique d'un atome

- La configuration électronique d'un atome dans son état fondamental indique la répartition de ses électrons dans des **couches** et **sous-couches** qui contiennent un nombre limité d'électrons. Les électrons de la dernière couche remplie sont appelés électrons de valence.
- Elle permet de connaître la position de l'élément chimique correspondant dans le tableau périodique.

Exemple : Configuration électronique de l'atome de phosphore (Z = 15)

Numéro de la couche — Symbole de la sous-couche — Nombre d'électrons

$$P : 1s^2\ 2s^2\ 2p^6\ 3s^2\ 3p^3$$

5 électrons de valence → 15e colonne

3 couches remplies → 3e période

À votre tour

Compléter le tableau suivant.

Configuration électronique	Nombre d'électrons de valence	Période	Colonne
$1s^2\ 2s^2$			
$1s^2\ 2s^2\ 2p^6\ 3s^2\ 3p^{...}$	7		
$1s^2\ 2s^2\ 2p^{...}$			1

48 Ions et molécules

➜ Fiches 4 et 5

Entités chimiques stables

Stabilité chimique

Configuration électronique de valence saturée
- à 2 électrons (comme l'hélium He)
- à 8 électrons (comme le néon Ne ou l'argon Ar)

Gaz noble

Ion monoatomique
Entité chimique stable électriquement chargée dont la couche de valence est saturée.

Molécule
Entité chimique stable électriquement neutre formée d'au moins deux atomes liés entre eux par une liaison de valence.

Ion monoatomique

La couche de valence d'un ion monoatomique est saturée suite à la **perte** ou au **gain** d'un ou plusieurs électrons.
Sa formule se déduit de la position de l'élément dans le tableau périodique.

À votre tour

Compléter le tableau à l'aide du tableau périodique.

Atome	F	S	B	Ar	
Position dans le tableau périodique	2e période 17e colonne				3e période 2e colonne
Nombre d'électrons de valence	7			8	
Formule de l'ion stable	F^-		B^{3+}		
Anion/Cation	Anion				

Remarque Un solide ionique est une espèce chimique stable électriquement neutre, composée d'anions et de cations ($NaCl$, MgF_2, etc.).

Modèle de Lewis de la liaison de valence

Au sein d'une molécule, une **liaison de valence** résulte de la **mise en commun d'électrons de valence** par deux atomes. Selon le nombre d'électrons de valence mis en commun, on obtient trois types de liaison.

Liaison	Simple	Double	Triple
Symbole	—	=	≡
Nombre d'électrons en commun	2	4	6

Schéma de Lewis d'une molécule

Le **schéma de Lewis** d'une molécule indique l'**organisation des électrons de valence** de chaque atome. Ils forment alors des doublets, contenant chacun deux électrons.

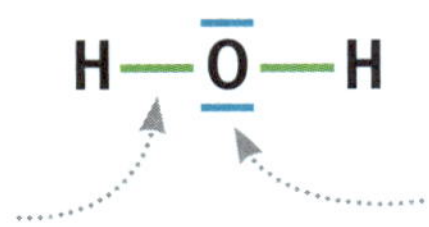

DOUBLETS LIANTS
Ils forment la liaison de valence et appartiennent aux deux atomes liés.

DOUBLETS NON LIANTS
Ils sont formés par les électrons ne participant pas à la liaison et appartiennent à un seul atome.

Chaque atome s'entoure de **8 (ou 2) électrons de valence**, ce qui justifie la stabilité de la molécule.

À votre tour

Le schéma de Lewis de la molécule de dioxyde de carbone est ⟨O=C=O⟩.

▸ Compléter le tableau suivant et justifier la stabilité de cette molécule.

Atome	C	O
Nombre de doublets liants		
Nombre de doublets non liants		
Nombre d'électrons de valence		

....

....

....

49 Quantité de matière

Définitions

- Une **mole** d'entités chimiques contient $6{,}02 \times 10^{23}$ entités chimiques identiques.

  La mole (mol) est l'unité de la quantité de matière.

- La **quantité de matière *n*** représente le nombre *N* d'entités chimiques identiques dans un échantillon de matière.

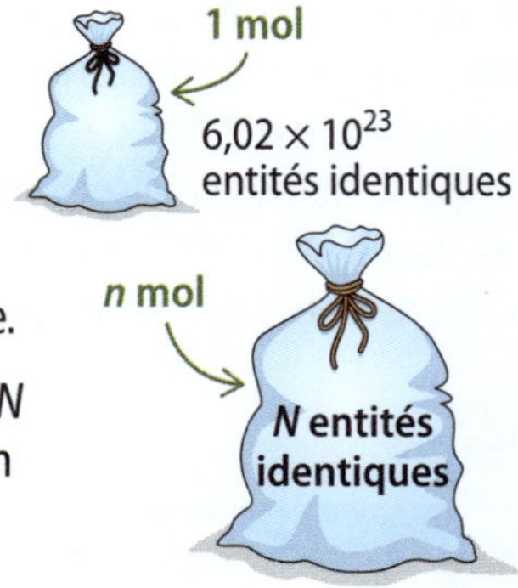

Déterminer une quantité de matière

La quantité de matière *n* d'un échantillon et le nombre *N* d'entités chimiques sont liés par la relation de proportionnalité :

➲ Fiche 37

$$N = 6{,}02 \times 10^{23} \times n \qquad \text{ou} \qquad n = \frac{N}{6{,}02 \times 10^{23}}$$

N : sans unité ; *n* : en mol

Remarque Le nombre ***N*** d'entités chimiques de masse $m_{\text{entité}}$ dans une masse *m* d'un échantillon est déterminé par proportionnalité : $N = \dfrac{m}{m_{\text{entité}}}$.

À votre tour

Compléter le tableau.

Espèce chimique	Carbone C	Ion calcium Ca^{2+}	Hydroxyde de sodium NaOH	Éthanol C_2H_6O
Masse *m* d'un échantillon (en g)	24	0,468		18,4
Masse $m_{\text{entité}}$ d'une entité (en kg)	$2{,}00 \times 10^{-26}$	$6{,}68 \times 10^{-26}$	$6{,}66 \times 10^{-26}$	
Nombre *N* d'entités	$1{,}2 \times 10^{24}$			
Quantité de matière *n* (en mol)	2,0		$2{,}5 \times 10^{-2}$	0,40

50 Transformation nucléaire

Définition

Lors d'une **transformation nucléaire**, les **nucléons** de noyaux atomiques ou des particules libres (neutron ${}^{1}_{0}n$ ou proton ${}^{1}_{1}H$) **se réarrangent** pour **former de nouveaux noyaux** ou particules libres.

Exemple : L'équation modélisant la formation du carbone 14 est :

$${}^{14}_{7}N + {}^{1}_{0}n \rightarrow {}^{14}_{6}C + {}^{1}_{1}H$$

Ne pas confondre !

Lors d'une transformation nucléaire, les éléments chimiques ne sont pas conservés contrairement à une transformation physique ou chimique.

➔ Fiche 7

À votre tour

Cocher la ou les équations modélisant une transformation nucléaire.

- ❑ $2\ C_4H_{10(g)} + 13\ O_{2(g)} \rightarrow 8\ CO_{2(g)} + 10\ H_2O_{(g)}$
- ❑ ${}^{2}_{1}H + {}^{3}_{1}H \rightarrow {}^{4}_{2}He + {}^{1}_{0}n$
- ❑ ${}^{238}_{92}U \rightarrow {}^{234}_{90}Th + {}^{4}_{2}He$
- ❑ $C_4H_{10(g)} \rightarrow C_4H_{10(\ell)}$

Fission et fusion nucléaires

Fission

Un noyau lourd **est fragmenté** en noyaux plus légers.

Fusion

Deux noyaux légers **s'assemblent** pour former un noyau plus lourd.

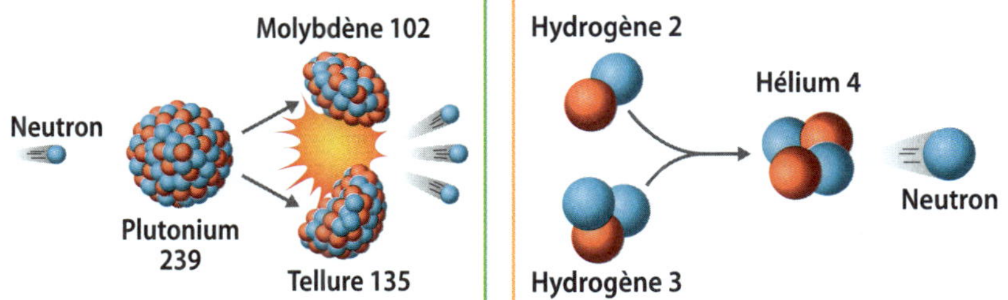

Remarque La fission et la fusion sont exothermiques : elles libèrent de l'énergie.

À votre tour

Pour chaque situation, indiquer s'il s'agit d'une fission ou d'une fusion.

a. Un noyau de béryllium 8 et un noyau d'hélium s'assemblent pour former un noyau de carbone 12. ....

b. ${}^{241}_{94}Pu + {}^{1}_{0}n \rightarrow {}^{141}_{55}Cs + {}^{98}_{39}Y + 3{}^{1}_{0}n$ ....

c. Un noyau d'uranium 235 se fragmente en un noyau d'antimoine 134 et un noyau de niobium 99. ....

Activité interactive
Transformation chimique
hatier-clic.fr/pc276

51 Transformation chimique

➲ Fiche 7

Transformation et réaction chimiques

- Une transformation chimique est le passage d'un système chimique d'un **état initial** à un **état final**.
- La réaction chimique est un modèle d'une transformation chimique limité aux réactifs et aux produits. Elle traduit l'évolution macroscopique du système.

propan-1-ol + dioxygène → dioxyde de carbone + eau

Réactifs : propan-1-ol + dioxygène — Produits : dioxyde de carbone + eau

Équation de réaction

L'équation de réaction est l'écriture symbolique d'une réaction chimique. Elle utilise les **formules brutes** des espèces mises en jeu, ainsi que **leur état physique**. Elle doit être **ajustée** à l'aide de **nombres stœchiométriques entiers** afin de respecter les lois de conservation.

1. Loi de conservation des éléments chimiques

Même nombre d'éléments côté réactifs et côté produits

- Ajuster les éléments C, H, O.
- Utiliser des nombres entiers.

On multiplie par 2 pour n'avoir que des nombres stœchiométriques entiers

- Ajustement de l'élément carbone

$$\ldots\ C_3H_8O_{(\ell)} + \ldots\ O_{2(g)} \rightarrow 3\ CO_{2(g)} + \ldots\ H_2O_{(g)}$$

- Ajustement de l'élément hydrogène

$$\ldots\ C_3H_8O_{(\ell)} + \ldots\ O_{2(g)} \rightarrow 3\ CO_{2(g)} + 4\ H_2O_{(g)}$$

- Ajustement de l'élément oxygène

$$\ldots\ C_3H_8O_{(\ell)} + \frac{9}{2}\ O_{2(g)} \rightarrow 3\ CO_{2(g)} + 4\ H_2O_{(g)}$$

- Nombres stœchiométriques **entiers**

$$2\ C_3H_8O_{(\ell)} + 9\ O_{2(g)} \rightarrow 6\ CO_{2(g)} + 8\ H_2O_{(g)}$$

2. Loi de conservation de la charge électrique globale

Même charge globale côté réactifs et côté produits

$$2\ C_3H_8O_{(\ell)} + 9\ O_{2(g)} \rightarrow 6\ CO_{2(g)} + 8\ H_2O_{(g)}$$

Réactifs : Charge globale nulle — Produits : Charge globale nulle

Activité interactive
Réactif limitant
hatier-clic.fr/pc283

Réactif limitant

Le **réactif limitant** d'une transformation chimique est le réactif **totalement consommé en premier**. C'est le réactif pour lequel le **rapport de sa quantité de matière initiale sur son nombre stœchiométrique est le plus petit.**

Exemple : $2\ C_3H_8O_{(\ell)} + 9\ O_{2(g)} \rightarrow 6\ CO_{2(g)} + 8\ H_2O_{(g)}$

Si $\dfrac{n_i(C_3H_8O)}{2} < \dfrac{n_i(O_2)}{9}$ alors C_3H_8O est le **réactif limitant.**

Remarque Si tous les réactifs sont limitants, les quantités de matière à l'état initial sont dans les proportions des nombres stœchiométriques. Les rapports de la quantité de matière initiale sur le nombre stœchiométrique sont égaux pour tous les réactifs.

À votre tour

1. Ajuster les équations des réactions chimiques suivantes.

a. …… $Fe_{(s)}$ + …… $O_{2(g)}$ → $Fe_3O_{4(s)}$

b. …… $Al_{(s)}$ + …… $H^+_{(aq)}$ → …… $Al^{3+}_{(aq)}$ + …… $H_{2(g)}$

c. …… $C_4H_{10(g)}$ + …… $O_{2(g)}$ → …… $CO_{2(g)}$ + …… $H_2O_{(g)}$

d. …… $CO_3^{2-}{}_{(aq)}$ + …… $H^+_{(aq)}$ → …… $CO_{2(aq)}$ + …… $H_2O_{(\ell)}$

2. Identifier le réactif limitant dans chacune des situations suivantes.

Réaction	a	b	c	d
Quantités de matière initiales (en mol)	$n_i(Fe) = 0{,}2$ $n_i(O_2) = 0{,}3$	$n_i(Al) = 3 \times 10^{-2}$ $n_i(H^+) = 1 \times 10^{-2}$	$n_i(C_4H_{10}) = 0{,}10$ $n_i(O_2) = 0{,}65$	$n_i(CO_3^{2-}) = 1 \times 10^{-2}$ $n_i(H^+) = 1 \times 10^{-2}$
Réactif limitant				

Aspect énergétique

Transformation chimique ENDOTHERMIQUE	Transformation chimique EXOTHERMIQUE
θ ↘	θ ↗

Activité interactive
Lois de Newton
hatier-clic.fr/pc284

52 Lois de Newton

➔ Fiches 9 et 11
➔ Fiche 39

Principe d'inertie (1re loi de Newton)

Système immobile ou en mouvement rectiligne uniforme ⇄ **Les forces extérieures se compensent**

$\vec{v}_G = \vec{0}$ ou $\vec{v}_G$ ne varie pas (même direction, même sens et même norme)

Somme vectorielle des forces extérieures nulles : $\sum \vec{F}_{ext} = \vec{0}$

***Exemple* :** un palet de hockey sur la glace en mouvement rectiligne uniforme

Situation :

Modélisation par un point :

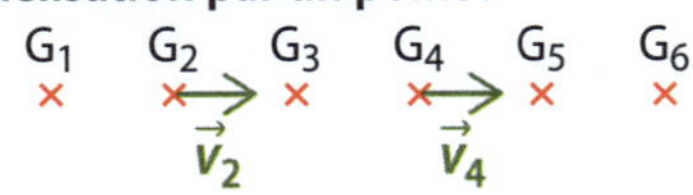

Bilan des forces :

- poids $\vec{P}$
- force $\vec{F}$ exercée par la glace sur le palet

Principe d'inertie :

$\vec{P} + \vec{F} = \vec{0}$

À votre tour

Cocher la ou les situations dans lesquelles les forces appliquées au système se compensent.

☐ 

☐ 

☐ 

Contraposée du principe d'inertie

Les forces extérieures ne se compensent pas ⇄ **Système ni immobile ni en mouvement rectiligne uniforme**

Somme vectorielle des forces extérieures non nulle : $\sum \vec{F}_{ext} \neq \vec{0}$

$\vec{v}_G$ varie

***Exemple* :** un système en chute libre (ici, sans vitesse initiale)

Bilan des forces :

- poids $\vec{P}$

$\sum \vec{F}_{ext} = \vec{P} \neq \vec{0}$

$\vec{v}_G$ varie

L'analyse du mouvement (chronophotographie) permet de montrer que $\vec{v}_G$ garde la même direction et le même sens mais que sa norme augmente.

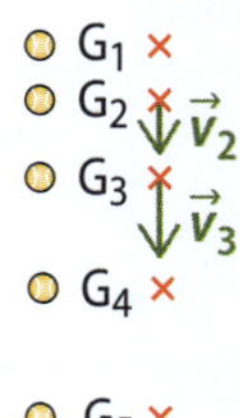

À votre tour

Exploiter le principe d'inertie ou sa contraposée pour en déduire une information sur la nature du mouvement du système.

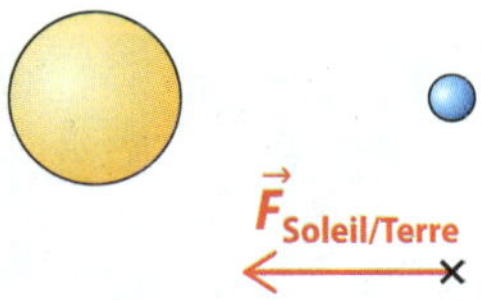

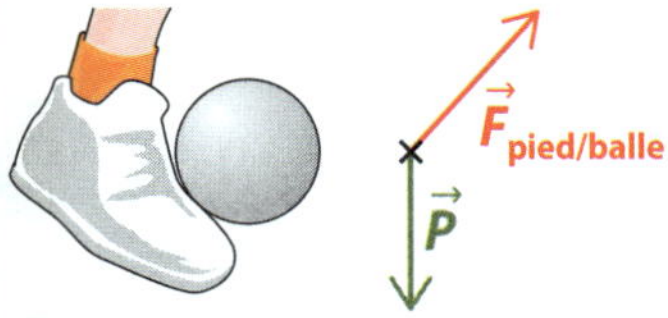

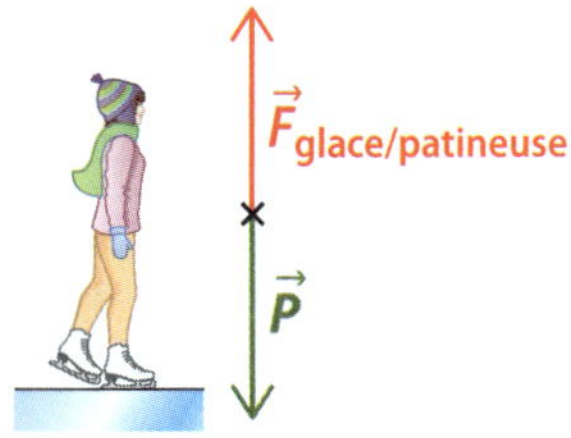

Nature du mouvement :

....

....

....

Nature du mouvement :

....

....

....

Nature du mouvement :

....

....

....

Principe des actions réciproques (3e loi de Newton)

Si un système A exerce sur un système B une force $\vec{F}_{A/B}$ alors le système B exerce **simultanément** et **réciproquement** sur le système A une force $\vec{F}_{B/A}$.

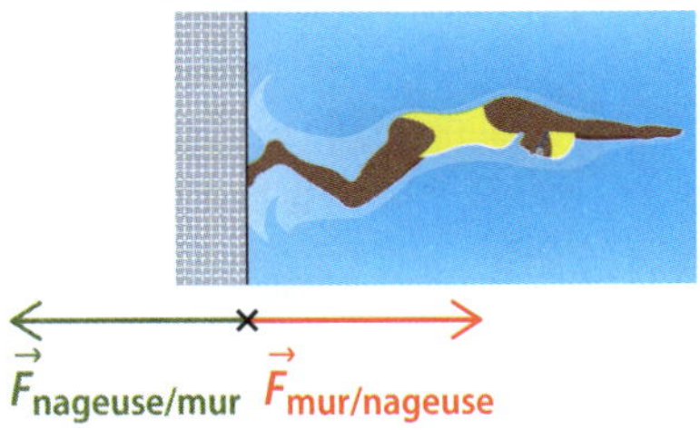

Ces deux forces ont la même direction, la même valeur mais des sens opposés. Elles sont représentées par des vecteurs tels que : $\vec{F}_{A/B} = -\vec{F}_{B/A}$.

À votre tour

Au départ du 100 m, un athlète (A) exerce une force $\vec{F}_{A/S}$ sur le starting-block (S).
Échelle : 1,0 cm ⟷ 100 N

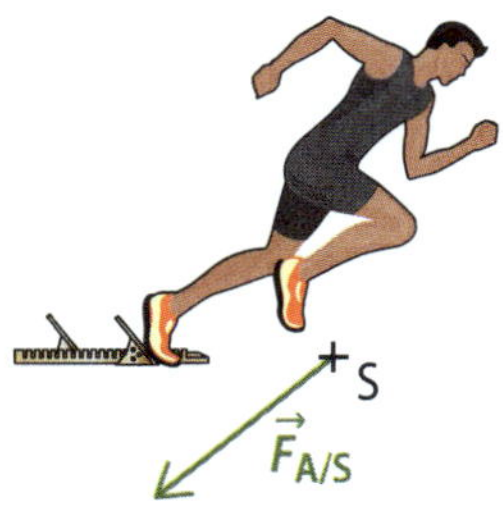

▸ Déterminer, en justifiant, les caractéristiques de la force exercée par le starting-block sur l'athlète. La représenter avec la même échelle.

....

....

....

....

....

53 Spectres lumineux

Dispersion de la lumière blanche

La **dispersion** de la lumière blanche est la **séparation** de ses différents **rayonnements monochromatiques**, caractérisés par une **longueur d'onde λ** (lambda) dans le vide ou dans l'air.

Elle peut être réalisée à l'aide d'un réseau ou d'un prisme, qui est un milieu dispersif, c'est-à-dire un milieu dont l'indice de réfraction dépend de la longueur d'onde λ du rayonnement qui le traverse.

La figure obtenue est le spectre de la lumière blanche.

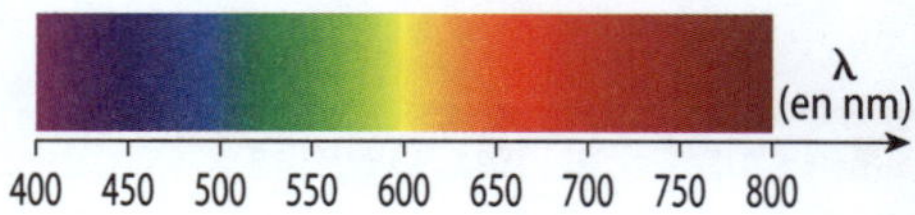

Remarque La longueur d'onde λ est souvent exprimée avec un sous-multiple du mètre, le nanomètre.

➔ Fiche 30

Spectres d'émission

Dispositif expérimental	Spectre d'émission obtenu en observant directement une lumière
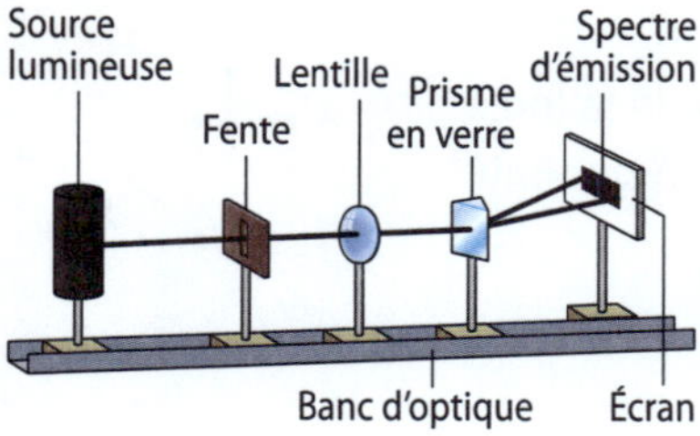	**Spectre continu** Rayonnements émis par un corps chaud 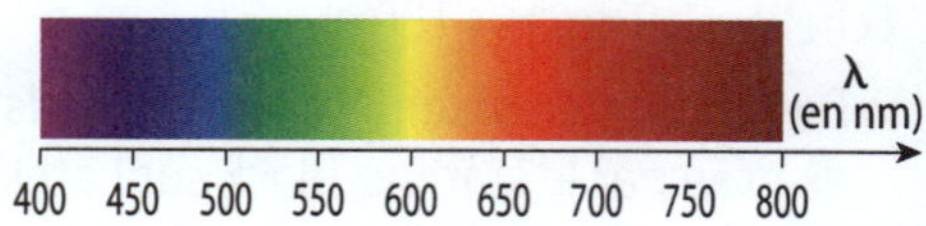 **Spectre de raies d'émission** Rayonnements monochromatiques caractéristiques d'un élément chimique 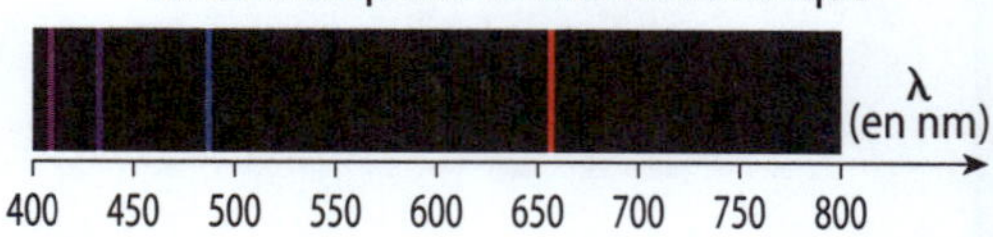

À votre tour

1. Attribuer chaque spectre à une source de lumière.

 •   • Un filament de tungstène chauffé à 2 200 °C

 •   • Une lampe à vapeur de mercure

2. Le spectre d'émission d'un élément chimique inconnu est donné ci-dessous.

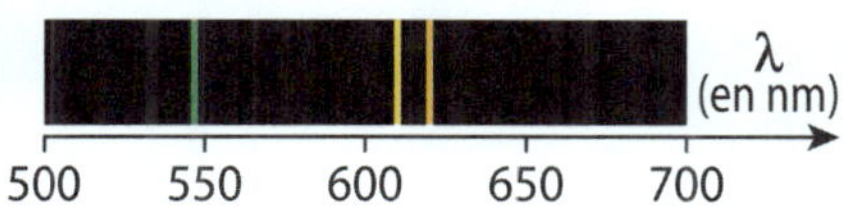

Données Longueur d'onde de quelques raies spectrales

Éléments chimiques	Oxygène O	Phosphore P
Longueur d'onde λ (en nm)	437 ; 533 ; 543 ; 558 ; 615	545 ; 547 ; 609 ; 619

a. Déterminer graphiquement la longueur d'onde de chaque rayonnement monochromatique présent dans ce spectre.

....

b. Identifier l'élément chimique correspondant.

....

3. Compléter la grille de mots croisés.

HORIZONTAL

1. Séparation des différents rayonnements monochromatiques d'une lumière.
2. Milieu dispersif permettant d'obtenir un spectre.
3. Sont observées sur le spectre d'émission d'un élément chimique.

VERTICAL

A. Grandeur qui caractérise un rayonnement monochromatique.
B. Se dit d'un spectre obtenu en observant directement une lumière.
C. Qualifie le spectre du rayonnement émis par un corps chaud.
D. Se dit d'un milieu dont l'indice de réfraction dépend de la longueur d'onde.
E. Figure obtenue par dispersion d'une lumière.

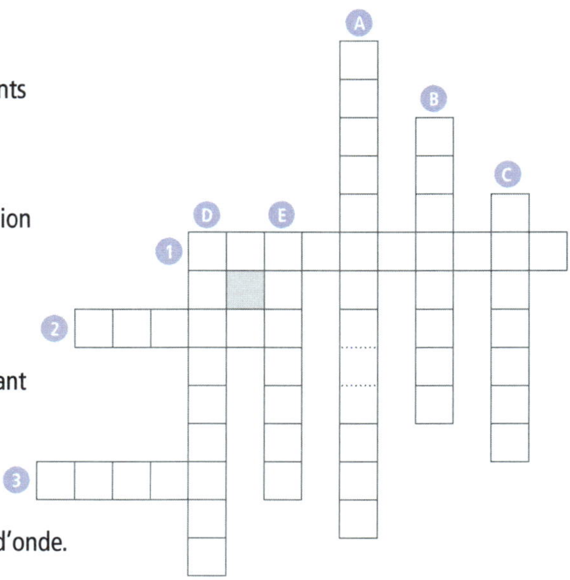

54 Lentille convergente

Une lentille est un **milieu transparent** limité par **deux surfaces** dont **au moins une n'est pas plane**.

Lentille mince convergente

Une lentille convergente fait converger en un point un faisceau de lumière incident parallèle.
Elle est dite mince si son épaisseur au centre est faible.
Elle est caractérisée par :
- son centre optique O ;
- son foyer image F′, point de convergence d'un faisceau incident de lumière parallèle ;
- son foyer objet F, point symétrique de F′ par rapport à O.

La distance focale *f′* est la distance entre O et F′.

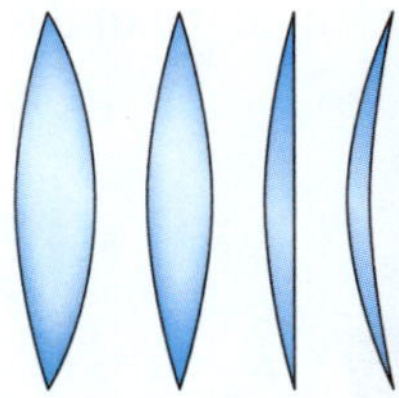

Bords minces

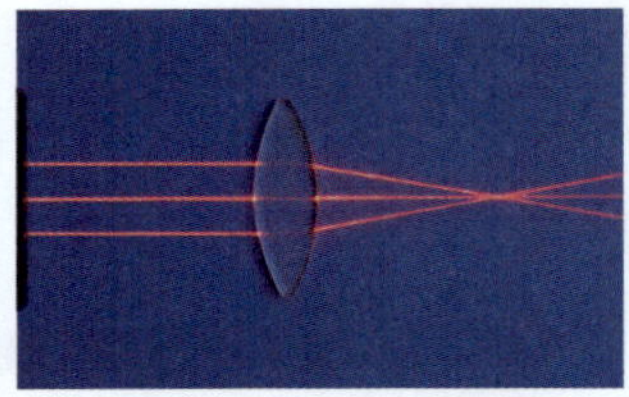

Symbole de la lentille mince convergente

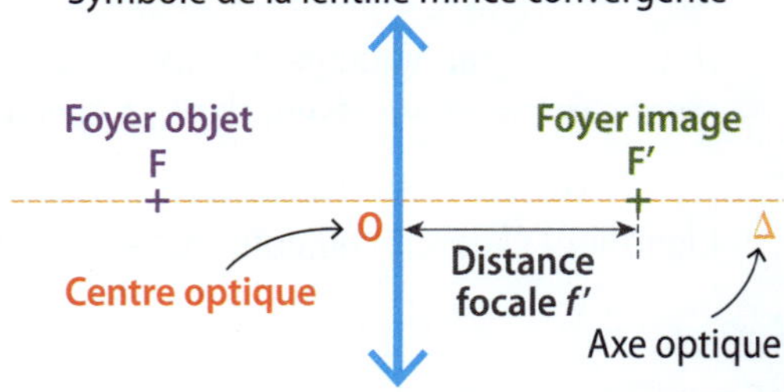

Remarque Le cristallin de l'œil est modélisé par une lentille mince convergente.

Image d'un objet

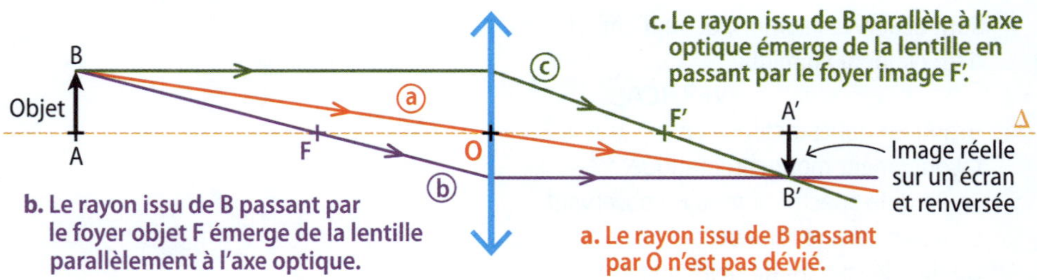

Grandissement de l'image

➔ Fiche 38

Rapport entre la taille de l'image A′B′ et la taille de l'objet AB : $\gamma = \frac{A'B'}{AB}$

À votre tour

1. Un objet plan AB, de taille 1,5 cm, est placé perpendiculairement à l'axe optique à 3,0 cm à gauche d'une lentille mince convergente de distance focale $f' = 1,5$ cm.

Données Échelles horizontale et verticale : 1/1

a. Déterminer graphiquement la position, la taille et le sens de l'image A'B' formée.

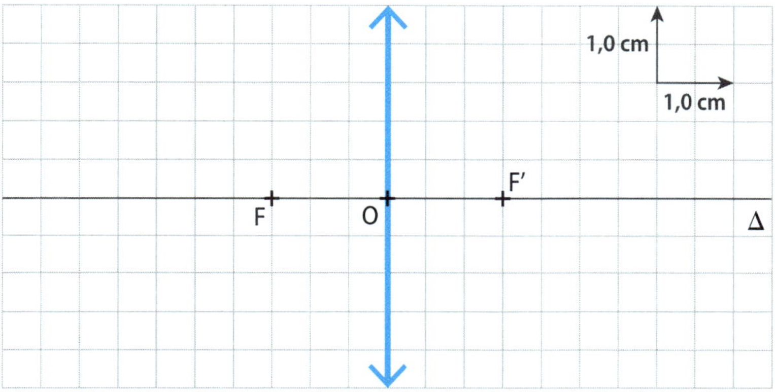

b. Déterminer graphiquement le grandissement γ. ....

2. Compléter la grille de mots croisés.

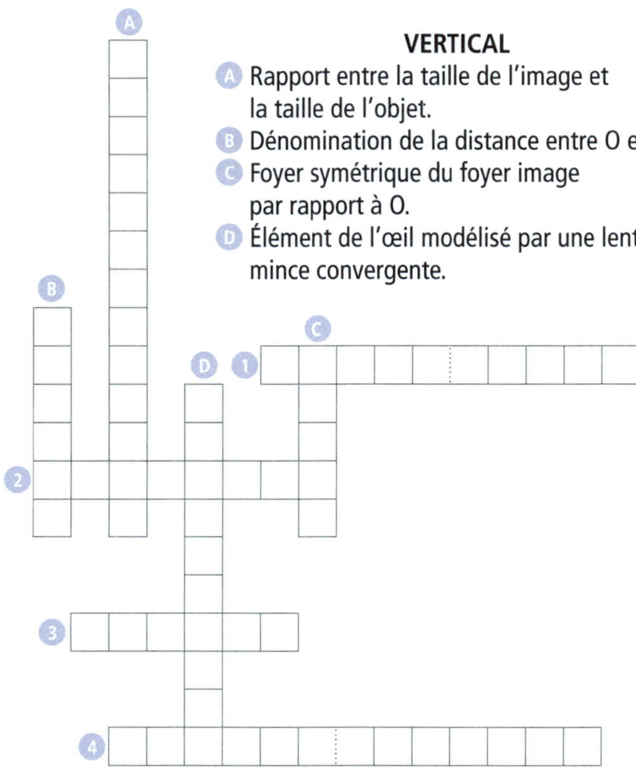

VERTICAL

A Rapport entre la taille de l'image et la taille de l'objet.

B Dénomination de la distance entre O et F'.

C Foyer symétrique du foyer image par rapport à O.

D Élément de l'œil modélisé par une lentille mince convergente.

HORIZONTAL

1 Point de convergence d'un faisceau de lumière incident parallèle.

2 Milieu transparent limité par deux surfaces.

3 Se dit d'une image observable sur un écran.

4 Point par lequel passe un rayon incident sans être dévié.

55 Caractéristiques d'un son

➔ Fiche 18

Période et fréquence

Un signal sonore périodique est constitué **d'un motif élémentaire** qui se répète à l'identique.

- Période T (en s) : durée d'un motif élémentaire
- Fréquence f (en Hz) : nombre de motifs par seconde

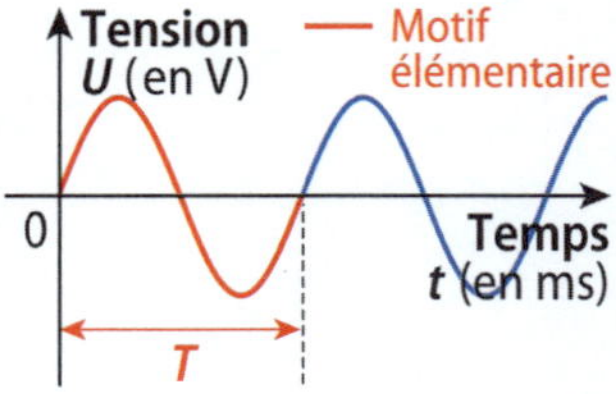

en Hz ⟶ $f = \frac{1}{T}$ ⟺ $T = \frac{1}{f}$ ⟵ en s

➔ Fiche 32

À votre tour

Déterminer la période et la fréquence du signal sonore enregistré ci-contre.

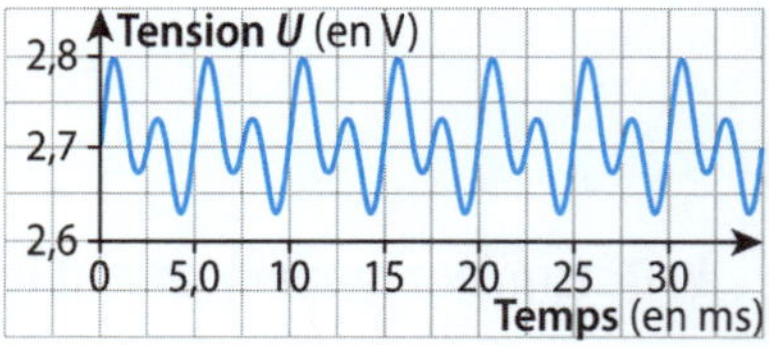

....

Hauteur, timbre et intensité sonore

- **Hauteur** : liée à la fréquence, elle distingue un son aigu d'un son grave.
- **Timbre** : il dépend de la forme du signal et de son évolution dans le temps.
- **Intensité sonore *I*** (en $W \cdot m^{-2}$) : elle dépend de l'amplitude du signal. Plus le son est fort, plus l'amplitude du signal est importante.

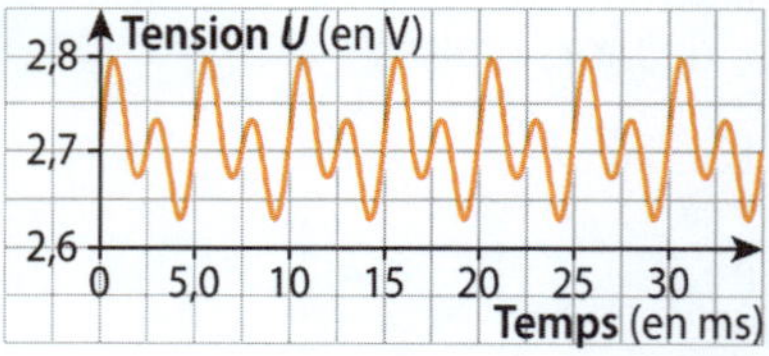

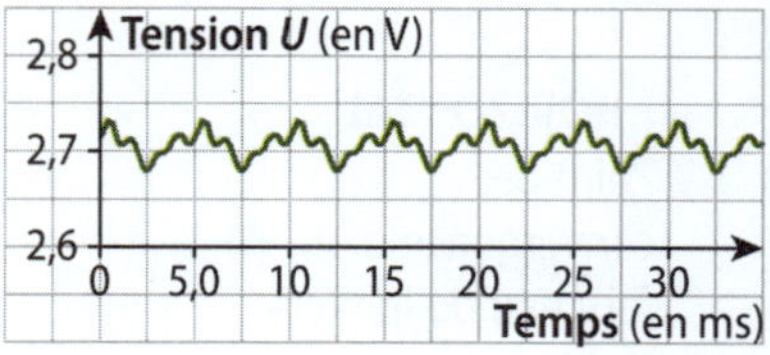

À votre tour

Comparer les caractéristiques des sons émis par deux instruments différents enregistrés ci-dessus.

....

....

....

Remarque Le niveau d'intensité sonore L (en dB) permet d'évaluer la dangerosité d'un son.

56 Résistance et capteur résistif

➔ Fiche 17

Résistance (ou dipôle ohmique)

- D'après la **loi d'Ohm**, la **caractéristique** tension courant $\boldsymbol{U = f(I)}$ d'une **résistance** est une **droite passant par l'origine** d'équation $\boldsymbol{U = R \times I}$.
- Lorsqu'une résistance est branchée en série aux bornes d'un générateur, les deux dipôles sont parcourus par un courant de même intensité I_f et la tension U_f à leurs bornes est la même : I_f et U_f sont données par le **point d'intersection** des caractéristiques des deux dipôles, appelé **point de fonctionnement P(I_f ; U_f)**.

Exemple :

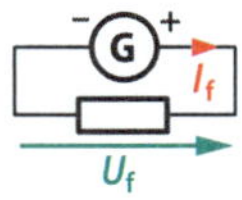

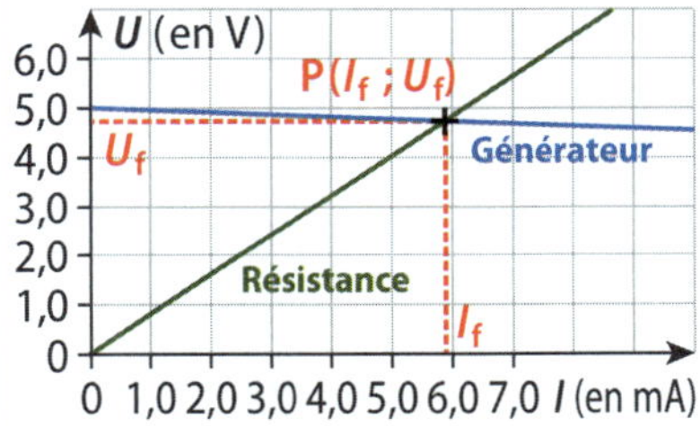

Le point de fonctionnement P a pour coordonnées $I_f = 5{,}9$ mA et $U_f = 4{,}7$ V.

À votre tour

Une résistance est alimentée par une pile.

a. Identifier la caractéristique de la résistance.

....

b. Déterminer le point de fonctionnement.

....

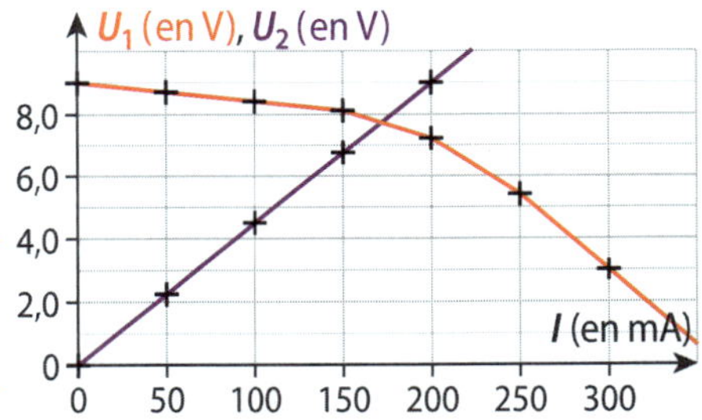

Capteur résistif

Un capteur résistif restitue en sortie une résistance.

La courbe d'étalonnage d'un capteur résistif représente l'évolution de sa résistance en fonction de la grandeur physique d'entrée. Elle permet de déterminer par lecture graphique une des grandeurs, l'autre étant connue.

Exemple :

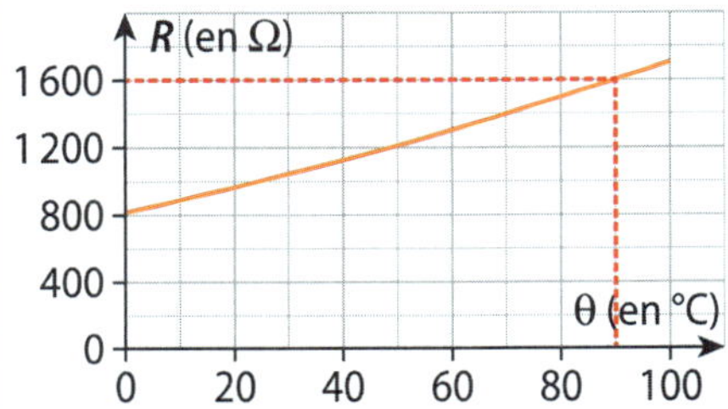

Pour le capteur dont la courbe d'étalonnage est représentée ci-dessus, une résistance en sortie de 1 600 Ω correspond à une température en entrée de 90 °C.

Flash cards

Flashcards
Versions imprimable et interactive
hatier-clic.fr/pc292a

LES INCONTOURNABLES DE 2DE

- Définir la concentration en masse d'un soluté en solution.

→ Fiche 46

- Quand dit-on qu'une entité chimique est stable ?
- Qu'appelle-t-on doublets liants ? doublets non liants ?

→ Fiche 4

- Qu'est-ce qu'une dilution ?
- Qu'est-ce qui se conserve lors d'une dilution ?

→ Fiche 46

- Qu'est-ce qu'une mole ?
- Donner la relation entre la quantité de matière et le nombre d'entités chimiques dans un échantillon.

→ Fiche 4

- Donner la relation permettant de calculer la masse d'un atome.

→ Fiche 47

- Quelle différence existe-t-il entre une transformation nucléaire et une transformation chimique ?
- Qu'est-ce que la fusion ? la fission ?

→ Fiche 5

- Qu'appelle-t-on électrons de valence d'un atome ?
- Quel lien existe-t-il entre la position d'un élément dans le tableau périodique et la configuration électronique de l'atome associé ?

→ Fiche 47

- Quelles sont les lois à respecter pour ajuste l'équation d'une réaction chimique ?

→ Fiche 5

- Qu'est-ce qu'un réactif limitant ?
- Comment déterminer le réactif limitant d'une réaction d'équation :

$$a\,\mathrm{A} + b\,\mathrm{B} \rightarrow c\,\mathrm{C} + d\,\mathrm{D}\ ?$$

→ Fiche 51

- Énoncer le principe d'inertie et sa contraposée.
- Énoncer le principe des actions réciproques.

→ Fiche 52

- Qu'est-ce qu'un spectre ?
- Décrire le spectre d'émission d'un corps chaud et celui d'un élément chimique.

→ Fiche 53

- Nommer les trois points caractéristiques d'une lentille mince convergente.
- Donner les propriétés des trois rayons lumineux permettant de tracer l'image d'un objet par une lentille mince convergente.

→ Fiche 54

- Donner la relation permettant de calculer le grandissement d'une lentille mince convergente.

→ Fiche 54

- Donner la relation entre la période et la fréquence d'un signal sonore périodique.

→ Fiche 55

- À quelle grandeur physique la hauteur d'un son est-elle reliée ?
- Quelles caractéristiques d'un son permettent de différencier deux instruments qui l'émettent ?

→ Fiche 55

- Qu'appelle-t-on point de fonctionnement d'un dipôle ?
- Qu'est-ce qu'un capteur résistif ?
- Que représente la courbe d'étalonnage d'un capteur résistif ?

→ Fiche 56

Mes notes

Table des illustrations

8		ph ©	Frédéric Hanoteau/Archives Hatier
15		ph ©	posteriori/iStock
17		ph ©	PhotoTalk/iStock
19		ph ©	phonlamaiphoto/Stock Adobe
20		ph ©	Patricia W/Stock Adobe
22	-hg	ph ©	tzido/123RF
22	-hm	ph ©	Sygma/Getty Images
22	-hd	ph ©	BeyondImages/iStock
22	-mg	ph ©	Evgen_Prozhyrko/iStock
22	-mm	ph ©	Rick Neves/Contributor/Getty-Images
22	-md	ph ©	Frédéric Hanoteau/Archives Hatier
22	-bg	ph ©	Patrick Civello/iStock
22	-bd	ph ©	AVTG/iStock
26		ph ©	Frédéric Hanoteau/Archives Hatier
27	-h	ph ©	Frédéric Hanoteau/Archives Hatier
27	-b	ph ©	tommaso79/iStock
32		ph ©	Frédéric Hanoteau/Archives Hatier
32	-mg	ph ©	AB
33	-hg	ph ©	Frédéric Hanoteau/Archives Hatier
33	-hm	ph ©	Frédéric Hanoteau/Archives Hatier
33	-hd	ph ©	AB
33	-bg	ph ©	AB
33	-bm	ph ©	Frédéric Hanoteau/Archives Hatier
33	-bd	ph ©	Frédéric Hanoteau/Archives Hatier
40		ph ©	AB
49	-a	ph ©	Directed Energy Directorate, US Air Force
49	-c	ph ©	Michael Nagle/Redux-Rea
86		ph ©	David Parker/SPL/Phanie
88		ph ©	Frédéric Hanoteau/Archives Hatier

Les Éditions Hatier remercient la Société Jeulin qui a aimablement prêté le matériel photographié.

Édition : Gwenaëlle Garcia (pour l'édition précédente : Stéphanie Mathé, Clarisse Léon)
Création et adaptation maquette : Primo & Primo, Nicolas Piroux
Mise en page : Nicolas Piroux
Illustrations : Sylvain Frécon (ouvertures de parties), Lupe Granité (mascottes), Nicolas Haverland (pictos)
Infographies : Domino
Iconographie : Hatier Illustration

Achevé d'imprimer par l'Imprimerie de Champagne à Langres — France
Dépôt légal : 05748-7/02 — Août 2019